Informatik aktuell

Herausgeber: W. Brauer
im Auftrag der Gesellschaft für Informatik (GI)

Springer
Berlin
Heidelberg
New York
Barcelona
Budapest
Hongkong
London
Mailand
Paris
Santa Clara
Singapur
Tokio

Peter Holleczek (Hrsg.)

PEARL 95

Workshop über Realzeitsysteme

Fachtagung der GI-Fachgruppe 4.4.2
Echtzeitprogrammierung, PEARL
Boppard, 30. November - 1. Dezember 1995

Springer

Herausgeber

Peter Holleczek
Regionales Rechenzentrum
der Universität Erlangen-Nürnberg
Martensstraße 1, D-91058 Erlangen

Programmkomitee

A. Fleischmann	Pfaffenhofen
W. Gerth	Hannover
W. A. Halang	Hagen
K. Mangold	Konstanz
W. M. Pieper	Gießen
H. Rzehak	München
D. Sauter	München
U. Schneider	Mittweida
G. Thiele	Bremen
H. Windauer	Lüneburg

Die Deutsche Bibliothek - CIP-Einheitsaufnahme

PEARL <16, 1995, Boppard>:
PEARL 95 : Fachtagung der GI-Fachgruppe 4.4.2 Echtzeitprogrammierung, PEARL, Boppard, 30. November - 1. Dezember 1995 / Workshop über Realzeitsysteme. Peter Holleczek (Hrsg.). GI. - Berlin ; Heidelberg ; New York ; London ; Paris ; Tokyo ; Hong Kong ; Barcelona ; Budapest : Springer, 1995
(Informatik aktuell)

NE: Holleczek, Peter [Hrsg.]; Gesellschaft für Informatik / Fachgruppe Echtzeitprogrammierung, PEARL

CR Subject Classification (1995): C.3

ISBN-13: 978-3-540-60668-0 e-ISBN-13: 978-3-642-80069-6
DOI: 10.1007/978-3-642-80069-6

Satz: Reproduktionsfertige Vorlage vom Autor/Herausgeber

SPIN: 10484646 33/3142-543210 – Gedruckt auf säurefreiem Papier

Vorwort

Ob Multimedia Chancen hat, zum Modewort des Jahres gekrönt zu werden, ist nicht abzusehen. Tatsache ist, daß einem dieser Begriff auf Schritt und Tritt begegnet. Für viele mag Multimedia etwas sein, um Kids am PC festzuhalten und das Geld der Eltern zu binden. Tatsache ist aber auch, daß Multimedia etwas Sinnvolles sein kann und z.B. dazu dienen kann,

rechnergestützte Heimarbeitsplätze attraktiv zu gestalten,
aufwendige Reisen durch Conferencing-Systeme zu ersetzen,
das Lernen effektiver zu machen,
telemedizinische Anwendungen zu ermöglichen.

Nur, was hat das mit Echtzeitprogrammierung zu tun? Hat sich die Fachgruppe einem Modewort verschrieben?

Multimedia-Systeme stehen trotz ihrer Präsenz in der öffentlichen Diskussion technisch immer noch am Anfang. Zur Echtzeitverarbeitung zeichnet sich dennoch eine Doppelbeziehung ab: Die Implementation von multimedialen Transportsystemen mit ihren Anforderungen an Synchronität bedarf echtzeitfähiger Programmierhilfsmittel und Betriebssysteme. Verteilte Echtzeit-Anwendungen wiederum brauchen echtzeitfähige Transportsysteme, um den Anforderungen gerecht zu werden.

Eine Diskussion um echtzeitfähige Transportsysteme kann nicht ohne ATM (Asynchronous Transfer Mode) geführt werden. ATM ist im Augenblick wohl die Übertragungstechnik, die verspricht, eine einheitliche Plattform für alle möglichen Kommunikations-Schienen (Daten, Sprache, Bewegtbild) zu werden. Daß ATM auch praktisch aus der Welt der verteilten Rechnersysteme nicht mehr wegzudenken ist, zeigt die Tatsache, daß ATM-Interfaces für Workstations bereits billiger als herkömmliche FDDI-Interfaces angeboten werden, obwohl sie am Markt erst seit kurzem präsent sind.
Die Fachgruppe will sich der Diskussion um Multimedia nicht entziehen und hat das Thema zum Schwerpunkt dieses Workshops gemacht.

Die Veranstaltung beginnt denn auch mit 'ATM und seinen Anwendungen', um den Anforderungen (insbesondere den einschlägigen aus dem Rundfunkbereich) Leistungsmerkmale (aus Sicht eines Diensteanbieters) gegenüberzustellen.
Daß Ausbildung in Entwicklung von Echtzeitsystemen mit anspruchsvolleren Verfahren gut bedient ist, zeigen die Beiträge zu graphischen Entwurfsoberflächen und ein Multimedia-basierter Kurs für PEARL.
Das Thema Programmentwicklung mit Gedanken zur Portabilität, einem Erfahrungsbericht über objektorientierte Entwicklung und eine Technik zum Entwurf verteilter Echtzeitprogramme führt uns zunächst wieder zurück auf den Boden des Echtzeit-Alltags.
In Form von Echtzeit-Transportsystemen nimmt uns das Leitthema wieder in Beschlag mit einer Analyses des Profibusses, einem Beitrag über die Modellierung von Echtzeitanwendungen und eine Übertragungssteuerung für Echtzeitdatenströme.
Zum Schluß wird unter 'Betriebssystem-Aspekte' das Leitthema der Veranstaltung noch einmal mit der digitalen Sprachübertragung auf Echtzeit-Betriebssystem-Basis aufgegriffen, der thematische Faden mündet aber letztlich wieder in aktuelle industrielle Fragestellungen, wie eine dynamische Resourcenplanung anhand einer Roboter-Steuerung und den Einsatz der Windows-DDE-Schnittstelle zur Prozeß-Steuerung.

Ich hoffe daß die Themenauswahl einen gangbaren Weg zwischen Aktualität und grundsätzlichen Fragestellungen darstellt. Im Namen des Redaktionskomitees wünsche ich den Teilnehmern viele fruchtbare Diskussionen. Für die Unterstützung der Veranstaltung möchte ich mich an dieser Stelle bedanken bei den Firmen Siemens, ATM und Werum.

P. Holleczek

im September 1995

Inhaltsverzeichnis

Betriebssystem-Aspekte

ATM und Realzeit

Wulf Bauerfeld
DeTeBerkom
Voltastr. 5, D-12159 Berlin
e-mail: bauerfeld@deteberkom.d400.de

1. Asynchrones Echtzeitverhalten - "Contradictio in adjecto"?

Elektronische Kommunikationssysteme verteilen Information kollektiv (z.B. TV-Breitbandkabelnetz), oder individuell über vermitteltete Leitungen (z.B. Telefon) oder auch als Datenpakete (z.B. X.25). Digitaltechnik verdrängt die analoge Technik, so im Telefonnetz (ISDN-64) oder auch im BK-Netz, wo digitales Fernsehen (MPEG-2) bereits demonstriert wurde. Künftig werden ausschließlich (digitale) Information kodiert in Bits transferieren werden. Heute setzen die unterschiedlichen Kommunikationssysteme noch auf jeweils eigenen Netzen auf, diese in genau eines (B-ISDN) zu überführen erlaubt:

- vereinfachte Verdrahtung,
- ökonomisches Netzwerk Management,
- leichtere Integration von unterschiedlichen Diensten.

Ursprünglich wurde "Breitband-ISDN" als Erweiterung des synchronen ISDN-64 mit festen Bandbreiten/Transferraten geplant. Da aber erkannt wurde, daß

- in einem synchronen Netz es schwierig ist, unterschiedliche Bitraten auf ökonomische Weise anbieten zu können,
- für stark unterschiedliche Bitraten unterschiedliche Koppelnetze erforderlich sind,
- ein synchroner Kanal durch eine diskontinuierliche, büschelförmige Datenströme ("bursty traffic") sehr unökonomisch genutzt wird,

beschloß CCITT/ITU, den "Asynchronen Transfer Modus - ATM" als Grundlage für alle Kommunikationsnetze vorzusehen. ATM ist ein zell-orientiertes Zeitmultiplexverfahren, wobei als Unterschied zu paket-orientierten Verfahren hier die Definition genügt, daß Zellen kleine Pakete fester Länge sind. Bis heute hat sich allerdings bei vielen das (Vor-)Urteil gehalten, daß ein paket- oder zell-orientiertes System - da asynchron - nicht "echtzeit-fähig" und nicht "multimedia-fähig" ist und damit für moderne Kommunikationsdienste nur bedingt geeignet ist.

Analoge Netze verhalten sich im Gegensatz dazu deterministisch. Sie bieten Kanäle einer bestimmten festen Bandbreite an (z.B. Telefon = 3 kHz, Stereoradio =2 * 15 kHz, Farbfernsehen (PAL) = 8 MHz) an, die einer in analogen Endgeräten technisch machbaren Erfassungs- oder Darstellungsgeschwindigkeit bei einer bestimmten Auflösung entspricht. Beim ISDN-64 entsprechen solchen festen Bandbreiten digitale Kanäle mit festen Transferraten, wobei 64 Kb/s ursprünglich als notwendig angesehen wurden, um Sprache in ausreichender Qualität kodieren zu können.

Diese feste Kopplung des Zeitaktes von informationsproduzierendem Eingabegerät, Vermittlungsnetz und informationskonsumierendem Ausgabegerät vermittelt allen identisches Verständnis relativer Zeitabstände. So spricht man von synchronen Kommunikationssystemen, vernachlässigt man die inherenten von Null verschiedenen Übertragungszeiten kann man sie auch isochron nennen. Besondere Maßnahmen, um das reale Zeitverhalten der Informationseingabe bei der Ausgabe wieder zu reproduzieren, sind nicht notwendig. Mit Hilfe synchron arbeitender Raum/Zeit-Koppelstufen können einzelne "Zeitschlitze beliebig in Raum- und Zeitlage umgesetzt werden, die einer Wegelenkung zu einer "Adresse" entsprechen.

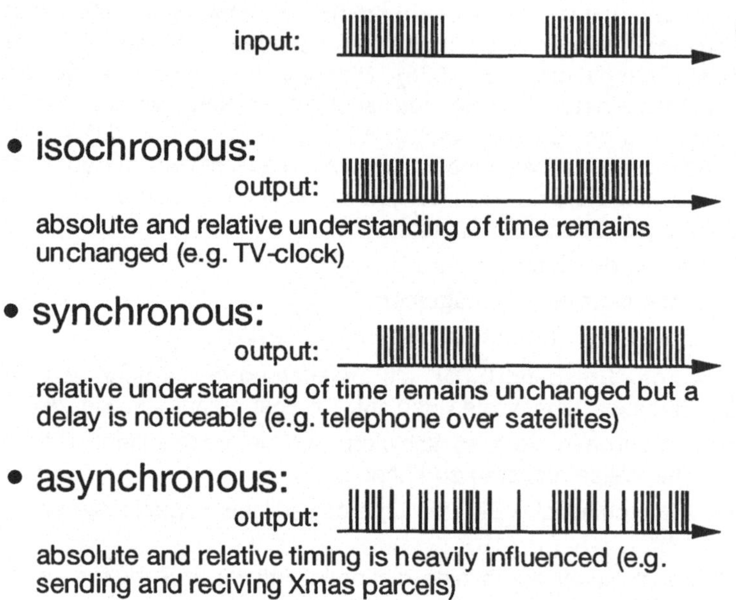

Digitale paket-orientierte Netze bieten dagegen Kanäle nur mit einer bestimmten Zugangsrate. Typische Zugangsraten sind 9.6 oder 19,2 Kb/s für "normale" Datenverbindungen, 10 Mb/s auf einem Ethernet und bis zu 155 Mb/s bei Glasfasernetzen, der relative Abstand zwischen Paketen kann aber beliebig sein. Paket-orientierte Netze arbeiten nicht mit einem festen Zeitschlitz, sondern vermitteln aufgrund im Paket mitgeführter digitaler Adressen. Informationen über den relativen Abstand zwischen Paketen werden nicht im Netz übertragen, dieser kann sogar im Netz durch statistisches Zeitmultiplexing mit Paketen andere Nutzer verändert werden. Darüber hinaus kann bei einem paketorientierten Netz die Zugangsrate zweier Kommunikationspartner unterschiedlich sein. Ein solches System arbeitet zeitlich entkoppelt, also asynchron.Trotzdem setzte, beeinflußt durch gute Erfahrungen mit Paketvermittlungstechniken, Mitte der 80er Jahre weltweit jenes oben beschriebene Umdenken ein und man begann ATM auch als Grundlage für Kommunikation zu spezifizieren, die bisher den in der Übertragung deterministischen Systemen vorbehalten waren.

2. Multimedia - ein Begriff verwirrt die Welt

Anders als die bisher auf alphanumerischen oder binären Zeichen aufgebaute

Kommunikation zwischen digitalen Endgeräten impliziert "Multimedia" (*i.e. information that comprises basic and application-specific information types. It is intended for visual and auditory perception as well as for automated processing. This information is not restricted to local existence, but may have be distributed. The information may, but does not have to be, presented on different presentation media.*), daß wesentlicher Bestandteil einer Information Audio- bzw. Videosequenzen sein können.

Arbeitsobjekte, die diese neuen Formen der Informationsdarstellung nutzen, heißen "MultiMedia-Dokumente", wobei der Begriff "Dokument" neu gefaßt ist: Es stellt eine Einheit zeitlich und inhaltlich verwobener Komponenten mit multimedialer Aufbereitung dar, eine interaktive Informationsquelle. Zusammengehörige Informationen können in ihrem Kontext dargestellt werden und machen ihren eigenen Entstehungsprozeß und Bearbeitungsstand leichter nachvollziehbar. Ein MultiMedia-Dokument enthält nicht nur Daten im "klassischen Sinn", also Text, Zahlen und (Linien-)Graphik, sondern auch (Raster-)Bild-, bzw. sprach- oder video-orientierte Daten, die z.B. über Symbole aktiviert werden. So wird aber die typische Unterscheidung zwischen "Audio, Video und Daten" sinnleer, da die transferierten Bitströme erst durch Anwendungsprogramme auf dem Endgerät interpretiert und auf entsprechender Peripherie ein- bzw. ausgegeben werden.

3. Wann "braucht" multimediale Kommunikation Echtzeit - die Entkopplung von Informationstransfer und -präsentation

Im Gegensatz zu analogen Kommunikation steht bei paketorientierten Netzen die technisch machbare Erfassungs- bzw. Darstellungsgeschwindigkeit nicht mehr in synchronen Zusammenhang mit der Übertragungsgeschwindigkeit. In digitaler Technik läßt sich eine Trennung von Informationstransfer über das Netz und Informationspräsentation auf einem digitalen Endgerät mit Speicher wesentlich einfacher realisieren. So erreicht man zunächst über digitale Kompressions- (ohne Informationsverlust) bzw. Reduktionsverfahren (mit Informationsverlust) eine Verkleinerung der zur Darstellung nötigen Bitmenge.

Bitrate Mb/s	vergleichbare Bildqualität in der "analogen" Welt	mögl. Programme pro Fernsehkanal
9	Qualität, wie sie im Fernsehstudio erreicht wird	3
5,5	gut empfangenes, heutiges PAL-Signal	5 ... 6
2	Aufzeichnungsqualität VHS-Videorecorder	15

Entspricht die Informationsmenge, die ein 8 MHz breiter Fernsehkanal überträgt, einer notwendigen Übertragungsrate von 36 Mb/s, zeigt die Tabelle, daß auf einem solchen Kanal wesentlich mehr digitale Fernsehprogramme übertragen werden können, wenn die Daten komprimiert bzw. reduziert werden und damit geringe Qualitätseinbußen in Kauf genommen werden:

Weiterhin ermöglichen auch die in ihrer Funktionalität sehr variablen digitalen Kommunikationsdienste eine u.U. vollständige Entkopplung von Erfassungs- bzw.

Darstellungsgeschwindigkeit und Übertragungsrate. Kommunikation auf digitaler Basis kann ohne wesentliche Einschränkungen nicht nur in räumlicher, sondern auch in zeitlicher Entfernung erzeugt werden.

So stellt sowohl die Übermittlung als auch die Präsentation von Multimedia-Dokumenten per Electronic Mail stellt keine Echtzeit-Anforderungen an die Übertragungsraten eines Netzes. Auch der Zugriff zu einem Multimedia-Archiv (z.B. WorldWideWeb) fordert nicht unbedingt Echtzeitverhalten, da verschiedene Informationsströme unabhängig auf das Endsystem geladen und dort beliebig oft und lange repräsentiert werden sollen.

	same time	different time
same place	face-to-face interaction	interactive local or remote access to high volume data storages
different place	audio(-visual) conversation & screen sharing of applications	store & forward of bulk data with common interpretation rules

→

	same time	different time
same place	face-to-face interaction	MultiMedia Information on Demand
different place	**MultiMedia Online Collaboration**	Electroni MultiMedia Mail

Konsequenterweise ist Echtzeitverhalten des Netzes bei der "Multimedia"-Kommunikation ausschließlich nur dann notwendig, wenn

1) die Datenquelle, deren Daten repräsentiert werden sollen, entfernt vom Endgerät nur über ein Netz erreicht werden kann;
2) das Zeitverhalten der Datenquelle auf dem ausgebenden Endgerät emuliert werden soll;
3) Präsentationsqualität im gleichen Maße gefordert ist, wie sie die von der Datenquelle übermittelten Informationen ermöglichen.

Diese Forderungen gelten nicht nur für Audio- oder Videosequenzen, sondern auch für textliche oder bildliche Ausgaben auf einem Bildschirm (screen/application sharing), deren zeitliches Verhalten (z.B. "scroll-rate") nicht beeinflußt werden sollte.

4. ATM Applikationen und Adaptation Layer Protokolle

Für die vier, von CCITT/ITU definierten:

- Anwendungen mit konstanter Bitrate
- Anwendungen mit variabler Bitrate
- verbindungsorientierte Datenanwendungen
- verbindungslose Datenanwendungen

wurden entsprechende "Adaptation Layer Protocols" definiert, die sich aber zum großen Teil als Irrwege herausgestellt haben. AAL 1 soll für Videoübertragung kontinuierliche Bitraten übertragen, die u.U. auch benötigt werden, um Mietleitungen auf ATM abzubilden. Die Notwendigkeit für AAL 2 bleibt weiterhin unklar, so entspricht die o.a. multimediale Kommunikation wohl den letzten beiden, je nachdem auf welchen Netzwerk- bzw. Transportprotokoll sie aufsetzen. Die entsprechende AAL3 und AAL4 wurden in einem einzigen, aber unbrauchbaren AAL3/4 zusammengefaßt, wobei als Ergebnis AAL 5 entstand und dies unter dem Namen "Simple and Efficient Adaptation Layer - SEAL) standardisiert wurde. Wir können davon ausgehen, daß alle rechnergestützten Anwendungen auf AAL 5 aufsetzen, welches lediglich eine Hin- und Rückübersetzung von Datenpaketen in ATM-Zellen ohne zeitliche Vorgaben beschreibt.

5. Echtzeit und Kommunikation

Luftverkehrskontrolle oder Steuerungsautomaten sind typische Einsatzgebiete für Echtzeitsysteme mit extrem kritischen Zeitzwängen. Interpersonelle Komunikation fordert weniger harte Schranken, Verzögerungen sind störend, führen aber nicht zum Disaster. Die Forderung nach "Echtzeitverhalten" ist daher immer an einen bestimmten quantitativen Kontext zu binden: für multimediale Kommunikation können werden Zeitgrenzen als verbindlich angesehen, die dem Reaktions-, bzw. Auflösungsvermögen der menschlichen Sinne äquivalent sind.

5.1 Video

Ein Videobild wird auf einem Arbeitsplatzrechner meist mit 320*240 Pixel, jeweils mit einer Farbtiefe von 24 Bit dargestellt. Wahrnehmungstests ergaben, daß 16 Bilder pro Sekunde als sehr gutes, 11 Bilder pro Sekunde als befriedigende und 6 Bilder pro Sekunde als gerade noch ausreichendes Abbild von Bewegungen erkannt wurde. Die einzelnen Bilder sollten in äquidistantem zeitlichen Abstand einander folgen; die entsprechende Zellfolge hat also eher einer periodische Charakteristik, als daß sie kontinuierlich ist.

5.2 Audio

Das Ohr reagiert wesentlich empfindlicher als das Auge auf Frequenzänderungen. Auch sind Kompressionsverfahren nicht kontextfrei, d.h. manche eignen sich besonders gut für Sprache, zeigen bei Musik aber nur sehr mäßige Ergebnisse. Mit 3 kHz läßt sich Sprache befriedigend übertragen, um CD-Qualität zu erreichen, ist eine Abtastrate von 22 kHz und 16 bit Auflösung nötig.

5.3 Konversation

Von der CCITT wurden frühzeitig Zeitschranken empfohlen, um eine Konversation zwischen zwei Menschen über das Telefon nicht nachhaltig störend zu beeinflussen: so sollten in einem nationalen Gespräch 40 ms, im internationalen Netz 250 ms Übertragungsverzögerung nicht überschritten werden. Einer der Gründe übrigens, warum selbst nach Japan nie mehr als ein Satellit in Anspruch genommen und ein internationaler Teilweg über Kabel geleitet wird.

6. Zeitabhängige Größen im ATM

Obwohl die Grundspezifikation von ATM keine zeitabhängigen Größen enthält, wird ATM immer als Technologie der "Hochgeschwindigkeitsnetze" angesehen. Hochgeschwindigkeitsnetze sind nicht durch ATM, sondern dadurch charakterisiert, das wesentlich höhere Transferraten (Mb/s oder Gb/s statt Kb/s) und wesentlich geringere Verweilzeiten in den Vermittlern (µs statt ms) erreicht werden.

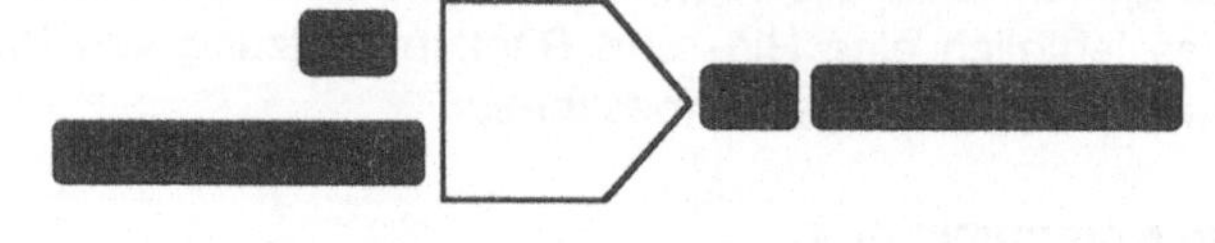

serialization with cells

Eine wesentliche Charakteristik von ATM ist außerdem die Vermittlung von kurzen Zellen (48 Byte + 5 Byte Header) fester anstelle von Paketen variabler Länge. Auf diese Weise streuen die Verweilzeiten in ATM Vermittlern wesentlich weniger als in "klassischen" Paketvermittlern.

Natürlich ist der Ausdruck "Hochgeschwindigkeitsnetze" sprachlicher und physikalischer Unsinn. Bits in einem Hochgeschwindgkeitsnetz sind nicht schneller, allerdings wesentlich kürzer als zum Beispiel in DATEX-P. Da bei einer Datenrate von 155 Mb/s ein Bit ungefähr 1,80 m "lang" ist, läßt sich so zumindest plausibel machen, daß erst digitale Hochgeschwindigkeitskommunikation eine menschliche Dimension erreicht.

Die Dienstqualität eines Hochgeschwindigkeitnetzes wird im allgemeinen durch folgende Qualitätsparameter beschrieben:

- Bandbreite oder Durchsatz (Bandwidth or Throughput)
- Verzögerung (Delay or Latency)
- Verzögerungsvariation (Delay Variance or Jitter)
- Fehlerrate (Error Rate)

In der bisherigen Diskussion in den entsprechenden Standardisierungsgremien bleibt jedoch unklar, ob diese Parameter als Wunsch des Nutzers oder als Kenngröße des Netzes angesehen werden. Außerdem sei auf die sprachliche Unsinnigkeit der damit zusammenhängenden Diskussion über "best-effort only" und "guaranteed performance" aufmerksam gemacht: einen Superlativ kann auch ein "Hochgeschwindigkeitsnetz" nicht mehr steigern und eine "Garantie" ist lediglich die Zusicherung des Anbieters, daß ein System sich mit hoher Wahrscheinlichkeit gemäß einer Spezifikation verhalten wird. Dieses Verhalten ist bei einem asynchronen System natürlich statistisch verteilt.

Insgesamt stellte diese Diskussion daher eher ein Spiegelbild über das Unbehagen mit asynchronen Systemen, denn eine sachliche Auseinandersetzung mit operativen Problemen eines Netzes und den aus der Warteschlangentheorie bekannten Kenngrößen dar.

6.1 Bandbreite bzw. Durchsatz

Die mittlere Aufenthaltszeit in einem asynchronen System setzt sich zusammen aus einer mittleren Bedienzeit und einer mittleren Wartezeit, wobei letztere der Preis dafür ist, daß man Betriebsmittel mit anderen Nutzern teilt. Auch aus einem zweiten Grund kann der Durchsatz durch ein Kommunikationssystem wesentlich geringer sein als die Bandbreite (Zugangsrate) am Ein- oder Ausgangspunkt: im allgemeinen werden in asynchronen Netzen Übertragungsfehler in einem Paket oder einer Zelle durch Wiederholung korrigiert. So werden beispielsweise im DATEX-P bei einer Zugangsrate von 9,6 Kb/s den Nutzern "nur" ein Durchsatz von 8 Kb/s "garantiert", wobei sich dieser Wert aus Betriebserfahrungen ergibt und seine Einhaltung gegebenenfalls fordert, das Netz nachzurüsten.

Erfahrungen mit multimedialer Kommunikation zeigen, welcher Durchsatz notwendig ist, wobei die Verarbeitungsgeschwindigkeiten im Endgerät wegen der möglichen Parallelität der Datenströme und u.U. erforderlicher Kompression/Dekompression wesentlich höher sein müssen.

audio:

minimum	8 Kb/s
good quality (HiFi)	64 Kb/s

with 2 ISDN-channels "picture-phone" is possible

video (PC video board):

minimum	64 Kb/s
good quality	384 Kb/s

requires 6 ISDN-channels, thus... wait for MPEG IV

(PC) screen sharing:

minimum	64 Kb/s
good quality	1024 Kb/s

video-conf. / screen sharing ... 1 - 2 Mb/s throughput

6.2 Übertragungsverzögerung (Delay or Latency)

Als "Latency" wird im allgemeinen der nicht-variable Anteil an der Übertragungsverzögerung bezeichnet, der sich zusammensetzt aus

source processing time
\+ source to destination (network) delay
\+ destination processing time

"Network delay" ist bei erdgebundenen " Mb/s Leitungen im allgemeinen eine vernachlässigbare Größe (s. Messungen). Zeitprobleme bringt hier eher die Kodierung von Videoströmen, die zur Zeit noch mit Hardware geschieht, die wesentlich teuerer als z.B. eine Arbeitsplatzrechner ist. Dekodierungs-Software, die in Realzeit 16 Videobilder erzeugt, läßt sich dagegen heute schon in Spielecomputern einsetzen.

6.3 Verzögerungsvariation (Delay Variance or Jitter)

Der physikalische "Jitter" der im Kommunikationssysteme verwendeten Elektronik ist im allgemeinen << ns. Das statistische Zeitmultiplexing in ATM erzeugt aber einen variablen Anteil an der Übertragungsverzögerung, der wesentlich größer sein kann. "Jitter" wird sichtbar, wenn im empfangenden Endgerät, die Übertragungsverzögerung größer wird als die mittlere Zellrate. Quantitativ liegen aber außer Mutmaßungen keine gesicherten Erfahrungen vor, da typische Verkehrscharakteristika und Nutzungsverteilungen in einem ATM-Netz mangels breiter Nutzung noch nicht gemessen werden können.

Künstlicher herbeigeführter "Jitter" führt bei den entsprechenden Anwendungen zu verzerrtem Audio-Signal, flackerndem Video und schwankenden Bewegungsabläufen. Erste Erfahrungen zeigen aber, daß ein großer Anteil des "Jitter" durch Puffern im System unsichtbar gemacht werden kann, d.h. durch mögliche Trennung von Übertragung und Präsentation im mikroskopischen Maßstab.

Da ATM verbindungsorientiert ist, wird damit den Betreibern einer ATM-basierten Kommunikationsinfrastruktur ein Hilfsmittel zur Betriebsmittelreservierung in die Hand gegeben. D.h. bei gegebener Verkehrslast können neue Nutzer u.U. abgelehnt werden, um einen in der Spezifikation dargelegten "Jitter" nicht zu überschreiten. Schwierig wird eine solche Steuerung natürlich bei verbindungslosen Systemen, die zum Beispiel auf IP beruhen. Für die Nutzung des MBONE (Videoverteilung) im Internet gibt es daher auch ein "soziales" Protokoll auf einem elektronischen "Schwarzem Brett", mit dem eine gleichzeitige Nutzung durch mehrere Quellen verhindert werden soll.

6.4 Fehlerrate (Error Rate)

Von Übertragungsfehlern wird gesprochen, wenn eines der folgenden Probleme auftritt:

- Abänderung der Bits in einer Zelle
- Änderung der Reihenfolge von Zellen
- Verdopplung von Zellen
- Zellverlust

Moderne Glasfasertechnik ist (fast) frei von Übertragungsfehlern; so wurde im Dauerbetrieb während dreier Tage auf einer 2Mb/s Verbindung zwischen Berlin und Kyoto kein einziger Bitfehler gemessen. Eine Reihenfolge der Zellen wird immer dann eingehalten werden, wenn kein dynamisches Re-Routing einer bestehenden virtuellen ATM Verbindung durchgeführt wird. Gleichfalls kann ein Verdopplung von Zellen eigentlich nur bei groben Fehlern im Vermittler auftreten, es sei denn Vervielfachung ist gewünscht, um "Multicasting" z.B. zur Fernsehverteilung durchführen zu können.

Als großes Problem wird immer wieder diskutiert, daß das "leaky bucket" Prinzip einem ATM-Vermittler bei Hochlast erlaubt, Zellen nicht zu vermitteln, sondern einfach "wegzuwerfen". Bei dieser Diskussion wird aber meist eine Wahrscheinlichkeit für den Zellverlust unter realen Bedingungen wird wegen mangelnder Betriebserfahrung nie angegeben. Auf jeden Fall spielt ein Zellverlust bei den hier betrachteten Anwendungen nur eine gering störende Rolle und führt zu ähnlichen Effekten wie ein "Jitter".

7. Messungen und Ausblick

Die folgenden Daten wurden mit dem Software-Paket ATMCell gemessen und von Herrn Jörg Micheel / GMD FOKUS Berlin freundlicherweise zur Verfügung gestellt.

FORE SBA-100 Loopback	10-12 μs
FORE SBA-200 Application Loopback	400 μs
FORE ASX-200 TAXI Network Module Loop	7 μs
FORE ASX-200 SONET Network Module Loop	12 μs
CISCO A-10	22 μs
SIEMENS HiCom ATM-P (auch Xpress)	42 μs
SynOptics LattisCell 10124-S	10 μs
FOKUS - BERKOM Roundtrip	55 μs
FOKUS - Koeln Roundtrip	8.2 ms
FOKUS - Oxford	20 ms
FOKUS - London - Canada (MAY) & back	80 ms

Als zur Zeit einzig mögliche Beobachtung ergibt sich, daß bei den betrachteten Realzeitanwendungen sowohl ein ATM-basiertes Netz als auch die heutigen Endsysteme "schnell" genug sind, um keine wesentlichen Beeinträchtigungen erkennen zu lassen. Vielmehr müßten ATM-Netze sowohl im Inhaus- als auch im Weitverkehrsbereich mehr genutzt werden, um aus nur im Wirkbetrieb auftretenden Verkehrslasten verläßliches Material zum Netzwerk-Mangement zu erhalten.

8. Einige Literaturhinweise

W. Bauerfeld: "Multimediale Kommunikationsdienste" Office Management 5 (Mai 1995) pp. 18 - 25

P.T. Brady: "Effects of Transmission Delay on Conversational Behaviour on Echo-Free Telephone Circuits" Bell System Technical Journal Vol. 50 No. 1 (Jan 1971) pp. 115 - 134

C.E. Catlett: "In Search of Gigabit Applications" IEEE Communications Magazine Vol. 30 No. 4 (April 1992) pp. 42 - 51

A. Danthine: "Esprit Project OSI'95: New Transport Services for High-Speed Networking" Computer Networks and ISDN Systems Vol 25, pp. 384 - 399

M. DePrycker: "Asynchronous Transfer Mode: Die Lösung für Breitband-ISDN" Prentice Hall (1994)

J. Eberspächer: "Hochgeschwindigkeitsnetze" Informationstechnik und Technische Informatik 35 (April 1993) pp. 3 - 9

D. Ferrari: "Real-Time Communication in an Internetwork" Journal of High Speed Networks Vol. 1 No. 1, pp. 78 - 103

A.G. Fraser: "Early Experiments with Asynchronous Time Division Networks" IEEE Network Magazine Vol.7 No. 1 (Jan. 1993) pp. 12 - 27

D.R. Marks: "ATM from A to Z: A definitive Glossary" Data Communications International (Dec. 1994) pp. 113 - 122

J. Schaper (ed): High Speed Networking - Special Readings on ATM technology, broadband communication and multimedia applications" Digital Equipment GmbH, München (1995)

J. Turner: "New Directions in Communications (or Which Way to the Information Age)" IEEE Communications Vol. 24 No. 10 (Oct. 1986) pp. 8 - 15

Wieviel Echtzeit braucht der Rundfunk?

Herbert Hofmann
Dietrich Sauter

Institut für Rundfunktechnik GmbH
München

1. Einleitung

Weite Bereiche der Fernsehtechnik von der Signalerzeugung bis zur Wiedergabe beim Teilnehmer werden rasch zunehmend digitalisiert. Der Einsatz der Digitaltechnik soll dabei einerseits neue Produktionstechniken eröffnen, aber gleichzeitig auch zu einer Reduktion der Programmerstellungs- sowie der Übertragungskosten führen. Die Digitalisierung der Signalverteilung bis hin zum Teilnehmer wird bereits 1995 z.B. über Satellitenkanäle realisiert werden und die Nutzung existierender Frequenzbänder für die Übertragung einer größeren Zahl von Programmen ermöglichen. Kennzeichnend für diese Entwicklung ist die rasch zunehmende Verwendung computerbasierter Verarbeitungsgeräte (Videoserver), die existierende Hardware aus dem Computerbereich zur Speicherung und Bearbeitung von Video-, Ton- und Zusatzdaten nutzen.

Diese Nutzung neuer Produktionsmittel im Bereich des Rundfunks ist verbunden mit der Integration verschiedener Dienste, die sich auf den schnellen und wahlfreien Zugriff auf alle für die Programmerstellung notwendigen und hilfreichen Elemente (Bild-, Tonmaterial, Ressourcen u.a.) stütz. Dazu sind integrierte Konzepte erforderlich, die eine einfache und übersichtliche Handhabung sowohl des Programmaterials als auch der verfügbaren Produktionswerkzeuge ermöglicht.

Zusätzlich wirft die Einführung neuer Dienstformen in Verbindung mit unterschiedlichen Datenraten für den Transport von Programmkomponenten und anderer Information eine Reihe von Fragen bezüglich der künftigen Netzstrukturen für die In-Haus-Vernetzung und die Anbindung an Weitverkehrsnetze auf. Im Bereich des Fernsehrundfunks ist dabei neben der Möglichkeit des schnellen Transfers von Programmbeiträgen in Form von Files mit z.T. sehr hohem Datenaufkommen die Echtzeitübertragung von Programmbeiträgen von wesentlicher Bedeutung.

Die in heutigen Netzwerken verfügbaren Datenraten sind in der folgenden Tabelle aufgelistet:

Netzwerk	Datenrate	heutige Anwendung
Ethernet	10 Mbit/s	Computer
FDDI	100 Mbit/s	Computer
ATM-LAN	155 Mbit/s	Computer/Telekom.
SDI	270 Mbit/s	Rundfunk
HIPPI	800 Mbit/s	Supercomputer
SDDI-Router 16x16	4 Gbit/s	Rundfunk
SDDI-Router 64x64	17 Gbit/s	Rundfunk
ATM-WAN	n Gbit/s	Telekommunikation

2. Integration von Diensten

Am Beispiel eines modernen Redaktionsarbeitsplatzes, der die Zusammenführung aller notwendigen Programmkomponenten, deren Bearbeitung sowie die Nutzung einer ganzen Reihen von Werkzeugen bis hin zum Zugriff auf Datenbanken in einer Workstation vorsieht, sollen die wichtigsten Dienste erläutert werden.

Diese Dienste umfassen:

- Bürobetrieb / Videokonferenz
- Recherche Bild / Ton / Zusatzinformationen aus Datenbanken (Nachrichtenverteilanlage, Archive, Rechtebank)
- Drehbucherstellung / -korrektur
- Storyboard
- Zugriff auf die Dispositionsdaten der Produktion
- Produktionsablauf / -kalkulationshilfen
- Vorproduktion z.B. CAD für Szenenbilder
- Nachproduktion Video- / Audioschnitt mit niedriger oder hoher Qualität
- Darstellung des virtuellen Studios bevor die endgültige Entscheidung zur Sendung getroffen wurde
- Abnahme der Sendung mit der notwendigen hohen Qualität in Bild- und Tondarstellung

Dieser Arbeitsplatz hat Zugriff auf alle relevanten Quellen, die bis heute nur über unterschiedliche Wege zugänglich sind. Die Anordnung macht deutlich, daß mit der Vielzahl der Quellen auch eine Vielzahl von Diensten und Protokollen implementiert werden müssen. Die Dienste reichen dabei vom Filetransfer ohne zeitliche Relevanz bis zum Transport von Video-/Tonsignalen hoher Qualität bei harten Anforderungen bezüglich der Echtzeitübertragung.

Redakteursarbeitsplatz

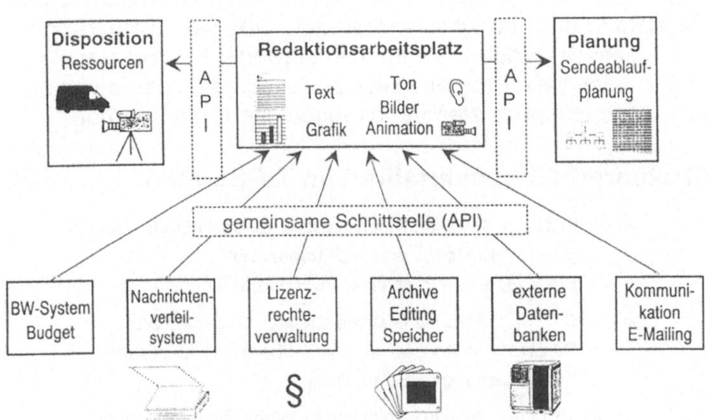

3. Analog / Digital - eine Gegenüberstellung

In der analogen Studiotechnik (PAL) wird jedes Bild- oder Tonsignal in Echtzeit erzeugt, transportiert, aufgezeichnet und verteilt. Erzeugung, Zuspielung, Bearbeitung und Ausstrahlungen erfolgen jeweils taktverkoppelt und synchron zum Systemtakt des Video- bzw. Audiostudios.

Beim Übergang zur Digitaltechnik und insbesondere zur computergestützten Bearbeitung ist diese strenge Verkopplung mit Echtzeitsystemen in vielen Fällen nicht notwendig oder vielmehr gar nicht erwünscht. Programmabschnitte oder ganze Programmsequenzen werden als Files gespeichert, bearbeitet und zwischen Servern transportiert.

Die Digitaltechnik bietet dabei im Gegensatz zur Analogtechnik eine Reihe von Vorteilen, die es wünschenswert erscheinen lassen, die Programmsignale von der Erzeugung bis zur Wiedergabe beim Teilnehmer digital zu belassen. Dabei sind zu erwähnen:

- die nahezu unbegrenzten Signalverarbeitungsmöglichkeiten
- die Verfügbarkeit transparent und flexibel nutzbarer Kanäle für Dienste und Dienstkomponenten
- die Regenerierbarkeit der Signale auch beim Auftreten von Störkomponenten

Die Digitaltechnik ermöglicht eine einfache Speicherung der digitalen Signale. Die Verarbeitung erfolgt mit aus der Computertechnik bekannten Methoden, wobei der

Transport nicht mehr an das Basissignalformat gebunden ist. Dadurch ist eine Koexistenz verschiedener Dienste nebeneinander möglich. Im Gegensatz zu analogen Signalen sind digitale Signale gegen Störungen, z.B. Rauschen im Übertragungskanal, unempfindlich. Selbst in stark gestörten Kanälen können digitale Signale durch Anwendung von Fehlerkorrekturverfahren auch bei hohen Fehlerraten praktisch störungsfrei und ohne graduelle Verschlechterung der Bild- bzw. Tonqualität bei Änderung der Empfangsbedingungen reproduziert werden.

Durch den Einsatz von Bitratenreduktionsverfahren ist eine ökonomischere Nutzung von Speichersystemen und verfügbarer Übertragungskapazität insbesondere bei der Verteilung zum Zuschauer möglich. Es können entweder Fernsehsignale mit höherer Auflösung (HDTV) oder mehr Programmsignale als bisher in heute vorhandenen und für die Analogübertragung genutzten Verteilwegen übertragen werden.

Bitratenreduktionsverfahren im TV-Bereich

- **HDPCM** (**H**ybride **D**ifferentielle **P**uls **C**ode **M**odulation)
  - Bitrate 140 Mbit/s, praktisch transparent
  - Für Zuspielung über VBN, PDH und SDH
- **HDCT** (**H**ybride **D**iskrete **C**osinus **T**ransformation)
  - Bitrate 34 Mbit/s und 45 Mbit/s, überwiegend transparent
  - Für Zuspielung und Verteilung
- **M-JPEG** (**M**otion - **J**oint **P**hotographic **E**xperts **G**roup)
  - Bitraten nicht definiert, Bildqualität abhängig von Einstellung
  - Non-linear Editing, Broadcast Server, Multimedia (PCs)
  - Regelung der Ausgangsrate durch Gerätehersteller
- **WAVELET**
  - Qualitätsparameter bisher ungenügend nachgewiesen
  - Skalierbarkeit im Datenstrom möglich

Bitratenreduktionsverfahren im TV-Bereich

- **MPEG-2 (MP@ML)**
  - Bitraten bis 15 Mbit/s, 4:2:0
  - Bildqualität abhängig von Bildinhalt und Bitrate
  - Für interaktive Videoanwendungen, Broadcast Server, Multimedia, Heimaufzeichnung, Verteilung (Digitales Fernsehen über Satellit, Kabel, terrestrische Sendernetze)
- **MPEG-2 (Professional Profile)**
  - Bitraten bis zu 50 Mbit/s, 4:2:2
  - Bildqualität für Nachbearbeitung zu prüfen
  - Editierbar im Datenstrom durch verkürzte GOP (I,I; I,B)
- **HERSTELLEREIGENE VERFAHREN**
  - Basierend z.B. auf DCT
  - Beispiel Studiorecorder (Digitale Betacam, ...)

Insbesondere der Einsatz von MPEG-2 wird in zukünftigen Studio- und Verteileinrichtungen eine größere Rolle spielen. Daher sollen kurz die möglichen Anwendungsgebiete von MPEG-2 im TV-Rundfunkbereich angesprochen werden.

Nutzung von MPEG-2 im TV-Bereich

Mögliche Codierstandards für Zuspielung, Verarbeitung und Verteilung (nach ITU)

Anwendungen	SNG	Zuspielung	Studio-VTR	Verteilung (primary)	Ausstrahlung (terr.)	Ausstrahlung (Sat. 12 G)	Ausstrahlung (Sat. 21 G)
Standard-TV	MPEG-2 High / ML 4:2:2	MPEG-2 High / ML 4:2:2	MPEG-2 High / ML 4:2:2 intr.	MPEG-2 High /ML 4:2:2	MPEG-2 MP / ML 4:2:0	MPEG-2 MP / ML 4:2:0	MPEG-2 MP / ML 4:2:0
HDTV	MPEG-2 High /HL 4:2:2	MPEG-2 High / HL 4:2:2	MPEG-2 High / HL 4:2:2 intr.	MPEG-2 High / HL 4:2:2	MPEG-2 Spatial / H14 4:2:0	MPEG-2 MP / HL 4:2:0	MPEG-2 High / HL 4:2:2

Beispiele für die Anwendung von MPEG-2 Profiles und Levels im Fernsehen
(Die zu verwendenden Transportbitraten sind noch nicht definiert)

4. Typische Arbeitsabläufe für eine Rundfunkanstalt

Betrachtet man zukünftige Arbeitsabläufe im Studiobetrieb für die Programmproduktion, für die Berichterstattung und für die Aufbereitung von Sendeabläufen, so ist schnell zu erkennen, daß u.U. eine Vielzahl unterschiedlicher Übertragungs- und Verarbeitungssysteme Ausgangssignale mit unterschiedlicher Bitraten (feste oder möglicherweise sogar variable Bitraten) produzieren werden, die sowohl innerhalb eines Rundfunkkomplexes als auch bei der Weitverkehrstechnik zu berücksichtigen sind.

Arbeitsabläufe und Anforderungen an Netze
Ein kleines Problem

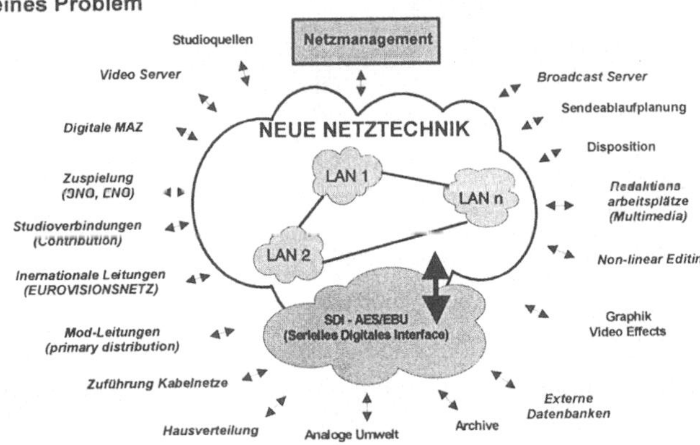

Die "Wolke" Neue Netztechnik beinhaltet sowohl das Problem des Filetransfers als auch das Problem "Realzeitübertragung".

An einzelnen Beispielen für charakteristische Arbeitsabläufe bei der Programmerstellung, -bearbeitung und - verteilung sollen die vorhandenen bzw. neu sich ergebenden Probleme erläutert werden.

Anforderung:

- Echtzeitbetrieb (Taktrückgewinnung, End-to-end Synchronisation entspr. Rec 656)
- Bildqualität für Nachbearbeitung
- Datenraten bis zu 165 Mb/s pro Verbindung
- Hohe Ansprüche an QoS (Verfügbarkeit, cell loss,...)

Bei Produktionen und Life-Sendungen werden hohe Erwartungen an den Echtzeitbetrieb gestellt. Die Jitter-Anforderungen nach ITU-R Rec.656 sind voll einzuhalten. Die Übertragung ist damit isochron und muß harte Realzeitanforderungen erfüllen. Für die Nachbearbeitung ist eine hohe Bildqualität erforderlich. Die Datenraten können bis zu 165 Mbit/s bzw. 207 Mbit/Sek für ein Videosignal erreichen. Es wird eine hohe Verfügbarkeit der Übertragungsstrecken erwartet und hohe Ansprüche (z.B. Zellverlustrate) an die eventuell involvierte ATM-Übertragung gestellt.

Arbeitsabläufe und Anforderungen an Netze
Beispiel: Verteilte Bearbeitung und Überspielung

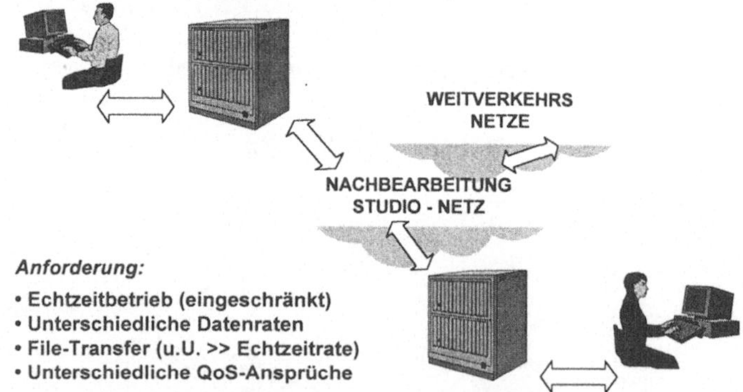

Bei der verteilten Bearbeitung und bei Überspielungen wird in diesem Fall ein Echtzeitbetrieb zugelassen, bei dem geringe Einschränkungen bei Bild- und Tonwiedergabe hingenommen werden können. Die Bearbeitung erfolgt u. U. mit unterschiedlichen Bitraten, je nach den Erfordernissen der Anwender. Der Datentransfer erfolgt dabei z.T. als Filetransfer und kann daher mit Datenraten unter oder über der Echtzeitdatenrate erfolgen. Eine deutlich höhere Transferrate als bei der Echtzeitüberspielung ist für den Austausch von Programmbeiträgen erwünscht.

Arbeitsabläufe und Anforderungen an Netze
Beispiel: Sendung, Verteilung, IoD

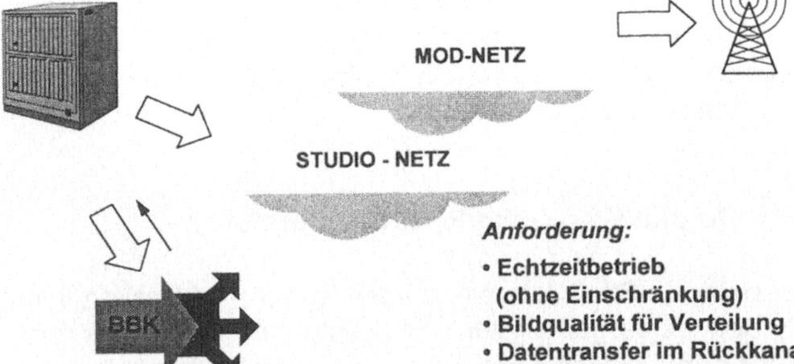

Bei der Sendung und der Verteilung der Signale zum Verbraucher gilt die Forderung nach Echtzeit uneingeschränkt, jedoch kann hier die Datenrate niedriger angesetzt werden als im Studiobereich. Die Bildqualität ist als Folge der niedrigen Übertragungsrate in der Regel geringer als im Studio.

5. Archivanwendungen - Einsatz der dynamischen Datenbank

Für den Bereich der Archive wird im Rahmen von Multimedia eine dynamische Datenbank erforderlich. Die einzelnen Archive von ARD und ZDF, das deutsche Rundfunkarchiv (DRA) sowie die Archive des ehemaligen deutschen Fernsehfunks (heute DRA-Berlin) werden über ATM-Netze erreichbar sein. Der Nutzer mit der Profi-Anforderung wird durch den Redakteur gestellt, der mit seinem Arbeitsplatz (Readkteursplatz) seine Anforderungen an das Archiv heranträgt. Der Zuschauer kann über seinen Heimarbeitsplatz (Teilnehmer) ebenfalls Teile aus dem Archiv abfordern.

Interactive Broadcast Services (IBS)
Dynamische Multimedia-Database

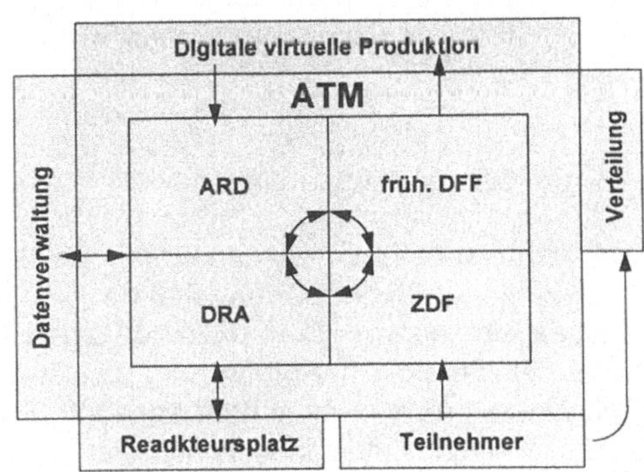

Für die verteilte Produktion, bei der verschiedene Bestandteile von Bildsequenzen (z.B. Bildvordergrund und Bildhintergrund an verschiedenen Stellen u.U. gleichzeitig erzeugt werden, ist für eine eventuelle Nachbearbeitung eine hohe Bildqualität vorzuhalten. Dies bedeutet in der Regel, daß geringe Kompressionsfaktoren und damit verbunden Übertragungsbitraten im Bereich um 150 Mbit/s zu berücksichtigen sind. Die Einzelbeiträge werden sowohl in Echtzeit als auch in Form von Filetransfers zum Bearbeitungsstudio übermittelt werden.

6. ATM - Wo und Warum im Rundfunkbereich ?

Die Vielzahl der heute in Studiokomplexen der Rundfunkanstalten installierten Netze würde durch den Übergang zur Digitaltechnik zu weiteren zusätzlichen Netzstrukturen für den Transport von Bild-, Ton- und Zusatzdaten führen. Daher ist ein Netztechnik, die eine Integration unterschiedlichster Dienste oder Applikationen in einem einheitlichen Netz B-ISDN) ermöglicht, als Chance für eine umfassende Reduktion der Komplexität der Studionetze zu begrüßen. Zusätzlich kann sich ein einheitliches Netzmanagement sowohl bezüglich der Funktionalität als auch bezüglich der Wirtschaftlichkeit als Vorteil erweisen. Einfache Übergänge zu Weitverkehrsnetzen und das Zusammenwirken von Netzmanagementwerkzeugen für das In-Haus-Netz mit den Weitverkehrsnetzen sind weitere Vorteile. Allerdings muß vor einem umfassenden Einsatz dieser Netztechnik in Studiokomplexen die Erfüllung einer ganzen Reihe von Anforderungen im Hinblick auf Funktionalität und insbesondere auf die im Hinblick auf Echtzeitanforderungen geprüft werden.

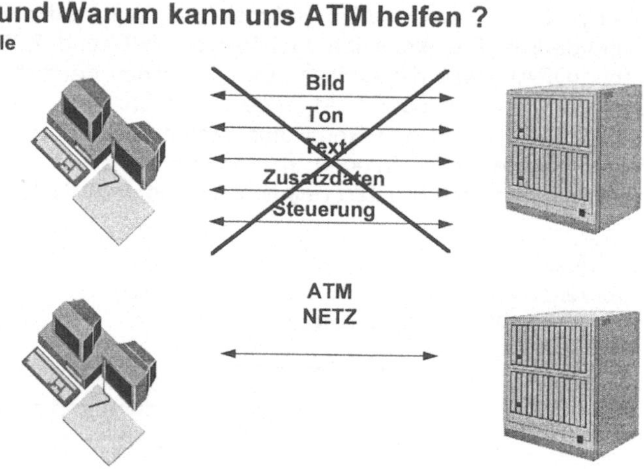

Ein weiterer Gesichtspunkt bei der Übernahme der für die Weitverkehrstechnik, aber auch für die LANs entwickelten Netzkomponenten sind Wirtschaftlichkeitsbetrachtungen. Die Rundfunkanstalten werden mit hoher Wahrscheinlichkeit bei der hohen Anforderung an Durchsatzraten, Multiplex- und Vermittlungsmöglichkeiten nicht mehr in der Lage sein, Sonderlösungen mit geringen Stückzahlen für diese Netzinstallationen finanzieren zu können. Vielmehr kann die existierende und sich rasch entwickelnde neue Technik - möglicherweise mit einigen

Anpassungen an die Studioanforderungen - für die bei den Rundfunkanstalten zu lösenden Netzprobleme eingesetzt werden.

7. Wieviel Echtzeit braucht der Rundfunk wirklich ?

Die computergestützte Bearbeitung, Speicherung und Verteilung von Bild- und Tonsignalen sowie der digitale Transport der involvierten Daten wird zu einer starken Verlagerung der Übermittlung von Programmaterial weg von der Echtzeitübertragung hin zum Filetransfer führen. Die Transferraten sollten dabei aber deutlich über der Echtzeittransferrate liegen, um die erwünschte schnelle Verfügbarkeit aller relevanten Information auf Servern zur Bearbeitung durch den Redakteur und bei der Recherche zu gewährleisten. In einer Reihe von Applikationen ist darüber hinaus der Echtzeitransfer unabdingbar. In diesem Fall sind die harten Bedingungen und Anforderungen an die Signalqualität insbesondere bei der Taktregenerierung und Synchronisation einzuhalten. Dafür müssen alle Komponenten eines Produktions- und Sendebereichs - insbesondere Server und die Netzadapter - entsprechend ausgelegt werden. Gegebenenfalls sind besondere Netzadapter mit den erforderlichen Eigenschaften speziell für den Studiobetrieb zu definieren und zu entwickeln.

Anforderungen an ATM-Funktion und -Netze

Signaltransfer über interne und externe Netze

- Filetransfer (u.U. mit Transferraten >> Echtzeitrate)
- Echtzeitbetrieb mit eingeschränkten Anforderungen (z.B. zwischen Multimedia-Arbeitsplätzen)
- Echtzeitbetrieb mit Einhaltung von Studioqualitätsparametern (z.B.Taktrückgewinnung und Synchronisation entsprechend Rec. 656)
- Unterschiedliche QoS-Ansprüche
- Datentransferraten für Echtzeitbetrieb über 100 Mb/s (ATM) bzw. über 155 Mb/s (SDH) für interne Verbindungen und Zuspielung

Laufzeitproblematik

Für die Abwicklung von interaktiven Sendungen mit Eingriff der Teilnehmer in den Ablauf der Sendung sowie für Dialoge mit Reportern vor Ort unter Einschluß von Satellitenverbindungen (SNG) ist die Frage der Laufzeit der Bild- und Tonsignale nicht unproblematisch. Heute einsetzbare, hochkomplexe Bildverabeitungsgeräte zur Bitratenreduktion mit hohen Kompressionsraten müssen für die Datenreduktion bis zu mehrerer Fernsehbilder auf der Sende- und der Empfangsseite zwischenspeichern. Als Folge dieser Signalverarbeitung treten u.U. hohe Laufzeiten auf, die durch Zwischenspeicherung der Daten in Netzknoten zusätzlich erhöht werden. Für Verständigung und Interaktionen der Zuschauer sind hier maximale Signallaufzeiten zu definieren und einzuhalten. Unterschiedliche und möglicherweise variierende Laufzeiten für Bild- und Tonsignal müssen kompensiert werden.

Signalqualität

Neben der Bild- und Tonqualität ist die Einhaltung der Signalqualität im Studio und für die Verteilung von TV-Programmen auch bei Nutzung neuer Bearbeitungs-, Speicherungs- und Verteiltechniken wesentlich und in vollem Umfang zu gewährleisten. Offene Fragen bezüglich der Nutzung der ATM-Technik müssen vor einer umfassenden Einführung und Nutzung dieser Technik im Studiobetrieb geklärt und anstehende Probleme gelöst werden.

Offene Fragen zur Nutzung von ATM (1)

- SDH oder/und ATM für die rundfunkspezifische Nutzung interner und externer Netztechnik ?
- Eignung der bisher definierten Adaptation Layers (AALs) für den Einsatz im Studio- und Weitverkehrsbereich (Erfüllung Rec 656) ?
- Übertragung unkomprimierter 4:2:2 Studiosignale mit Aufteilung des Datenstroms auf zwei virtuelle Verbindungen ?
- "Near-lossless" Codierung mit variabler Bitrate für hohe Qualitätsansprüche (Contribution) ?

Offene Fragen zur Nutzung von ATM (2)

- Signallaufzeiten über eine größere Zahl von Netzknoten in ATM-Netzen ?
- Auswirkungen von cell delay, delay jitter und cell losses auf die Qualität von Bildsignalen ?
- Koexistenz von Echtzeit- und Nicht-Echtzeitanwendungen bei hoher Auslastung der Netzknoten ?
- Sind Signalzuführung und Synchronisation von Gleichwellennetzen über ATM möglich ?

AG-Datenverarbeitung ARD / ZDF / ORF / SRG
Tagung am 5.-6.10.1994
Institut für Rundfunktechnik

ATM in den Rundfunkanstalten
Workshop am 13.-14.2.1995
Institut für Rundfunktechnik

Herbert Hofmann, Alexander Scherz
Digitale Bildcodierung und digitale Übertragung im Fernsehrundfunk
Seminar März 1995
Institut für Rundfunktechnik

Herbert Hofmann
Kaskadierung datenreduzierter Videosignale
FKT Bd. 49(1995), Nr. 6, S. 356 - 365

Dietrich Sauter
Redaktionsarbeitsplatz der Zukunft
Beitrag zum GMD-Schloßtag '95

Eine grafische Entwurfsoberfläche zur Feinplanung von Echtzeitprogrammen in der Ausbildung von Automatisierungstechnikern

Braune, A., Rieger, P.

TU Dresden

Fakultät Elektrotechnik

Institut für Automatisierungstechnik

Professur Prozeßleittechnik

1. Einleitung

Der systematische, möglichst grafische Entwurf von Echtzeitsystemen nimmt auch in der Ausbildung von Automatisierungstechnikern immer breiteren Raum ein. Zum Entwurf vorrangig großer Systeme stehen mittlerweile auch leistungsfähige Werkzeuge zur Verfügung, die jedoch oft wegen des finanziellen Aufwandes sowie des erforderlichen Einarbeitungs- und Ressourcenaufwandes für die Ausbildung von Automatisierungstechnikern weniger geeignet sind.

Am Institut für Automatisierungstechnik der TU Dresden entstand deshalb der Wunsch, in einem Laborpraktikum mit mehreren Versuchen zur Echtzeitproblematik ein CASE-Tool für kleine und mittlere Anwendungen einzusetzen, das auch die Nutzung von Echtzeitsprachen und Echtzeitbetriebssystemen unterstützt.

Die angestrebten Ausbildungsziele sind:

- die Einarbeitung in die Echtzeitprogrammierung so zu erleichtern, daß das Prinzipverständnis gefördert und nicht durch Implementierungsdetails überdeckt wird,
- den systematischen Entwurf in vorgelagerten Entwurfsphasen rechentechnisch zu unterstützen.

Die Wahl fiel auf das Echtzeitentwurfssystem Lacatre - "Language d'Aide à la Conception d'Applications Tems Reel" [1], das Teile des Grobentwurfes und den Feinentwurf von Echtzeitsystemen unterstützt. Das Tool und die darin realisierte task- und betriebssystemorientierte Entwurfsmethode dienen dazu, parallele Prozesse (Tasks) sowie deren Synchronisations- und Kommunikationsbeziehungen zu entwerfen. Lacatre wurde am I.N.S.A.-Institut in Lyon entwickelt und steht dem Institut für Lehrzwecke zur Verfügung.

Die Entwurfssprache hat eine grafische und eine äquivalente textuelle Darstellung in einer pascalähnlichen Notierung.
Der Lacatre-Compiler testet diese Textversion semantisch und syntaktisch und erzeugt ein Programmskelet für eine Zielumgebung. Gegenwärtig wird in die Programmiersprache C und das Echtzeitbetriebssystem iRMX umgesetzt. Bild 1-1 zeigt das Vorgehen bei einem Entwurf mit Lacatre.

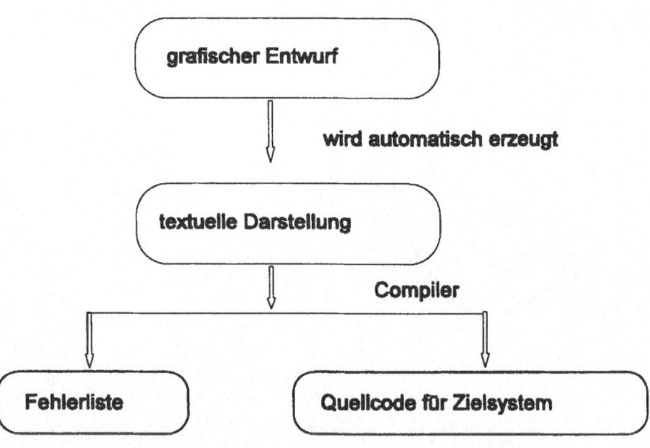

Bild 1-1: Vorgehen beim Entwurf mit Lacatre

In den Laborversuchen am Institut für Automatisierungstechnik nutzen die Studenten die Hochsprache Modula-2 mit dem am Institut entwickelten Echtzeit-Betriebssystemkern XMOD. Deshalb war es erforderlich, sowohl die Entwurfselemente der grafischen Oberfläche als auch den Programmgenerator an die neue Zielumgebung anzupassen. Diese Arbeiten wurden gemeinsam mit dem I.N.S.A.-Institut in Lyon durchgeführt.
Im Sommersemester 1995 nutzten erste Praktikumsgruppen mit Erfolg die grafische Oberfläche von Lacatre im Rahmen einer Projektarbeit. Im Wintersemester 1995/96 wird Lacatre erstmals vollständig, d.h. mit dem entwickelten Programmgenerator für Modula-2 und XMOD auch in einführenden Versuchen eingesetzt. Im Beitrag werden Eigenschaften des Entwurfssystems dargestellt und erste Einsatzerfahrungen werden vermittelt.

2. Eigenschaften des Entwurfssystems

Die Lacatre-Entwurfssprache stellt die Echtzeitobjekte Task, Mailbox, Semaphore, Resource, Event, Interrupt und Alarm zur Verfügung. Bild 2-1 zeigt diese Objekte, die in der Zielumgebung C und iRMX nutzbar sind in ihren grafischen Repräsentation.
Zwei Typen von Echtzeitobjekten werden unterschieden:

- Programmierbare Objekte: Task, Interrupt und Alarm
  Ihr Verhalten wird im Entwurf durch eine Sequenz von Lacatre-Aktionen festgelegt (Echtzeitdienste, Schleifenkonstrukte u.ä.).
- Programmierbare Objekte: Mailbox, Semaphore,Resource,Event
  Ihr Verhalten liegt fest und kann nur durch Parameter beeinflußt werden, z.B. die zulässige Anzahl von Messages in Mailboxen.

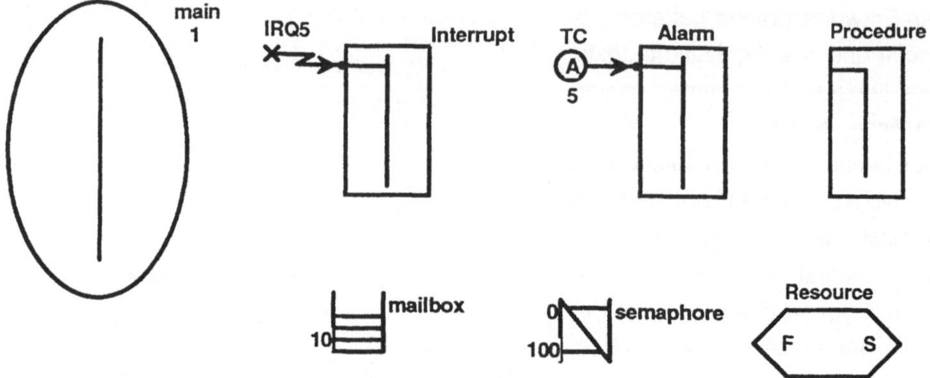

Bild 2-1: Beispiele für Echtzeitobjekte und ihre grafische Darstellung
Erklärung:
Task "main" mit Priorität 1, Interrupt-Behandlungsprogramm des IRQ5, cyclische Alarmbehandlung aller 5s, Prozedur, Mailbox "mailbox" mit 10 Plätzen, Semaphore "semaphore" mit max. 100 möglichen Passierscheinen, ohne Passierschein im Initialzustand, File als Resource mit Semaphore als Zugriffsschutz.

Die Objektsymbole setzen sich aus verschiedenen Balken (Linien) zusammen (vgl. auch Bild 2-1).

- *Zustandsbalken* begrenzen das Symbol meist seitlich oder umhüllen dieses. Im Falle der Task ist dies die Ellipse, für die Prozedur das Rechteck. Sie nehmen alle die LA4-Aktionen auf, die den Objektzustand ändern, wie z.B. create, delete, suspend (vgl. Bild 2-2).
- *Ablaufbalken* sind orientierte Linien und beschreiben die Reihenfolge von Anweisungen in programmierbaren Objekten.
- *Aktionsbalken* treten in konfigurierbaren Objekten auf und sind spezifisch für bestimmte Aktionen, die mit diesem Objekt durchführbar sind. Eine Mailbox hat beispielsweise einen Einlagerungsbalken, auf dem alle die Aktionen enden, die Daten in diese Mailbox schreiben und einen Auslagerungsbalken, auf dem alle die Aktionen beginnen, die Daten aus dieser Mailbox lesen (vgl. Bild 2-2).

Jedes Lacatre-Objekt enthält eine Menge von Aktionen (Links, Verbindungen, Relationen), die mit diesem Objekt selbst oder mit anderen Objekten durchführbar sind. So kann eine Task beispielsweise andere Objekte erzeugen, zerstören, die Priorität einer anderen Task ändern oder sich selbst verzögern. Eine Mailbox kann Daten aufnehmen oder abgeben.

Bild 2-2 zeigt beispielhaft die grafische Bedienoberfläche mit einer Menüleiste, die die Echtzeitobjekte enthält und einem Fenster mit der textuellen Entsprechnung des grafischen Entwurfes. Im dargestellten Beispiel erhöht eine Task "main" zunächst ihre eigene Priorität von Null auf Eins , erzeugt anschließend eine Task "B" und eine

Mailbox "mail" und schreibt danach innerhalb einer REPAEAT..UNTIL - Anweisung solange Daten in eine Mailbox, bis eine Bedingung "cond" erfüllt ist. Die Task "B" liest ständig Daten aus der Mailbox aus, bis sie von der Task "main" vernichtet wird.

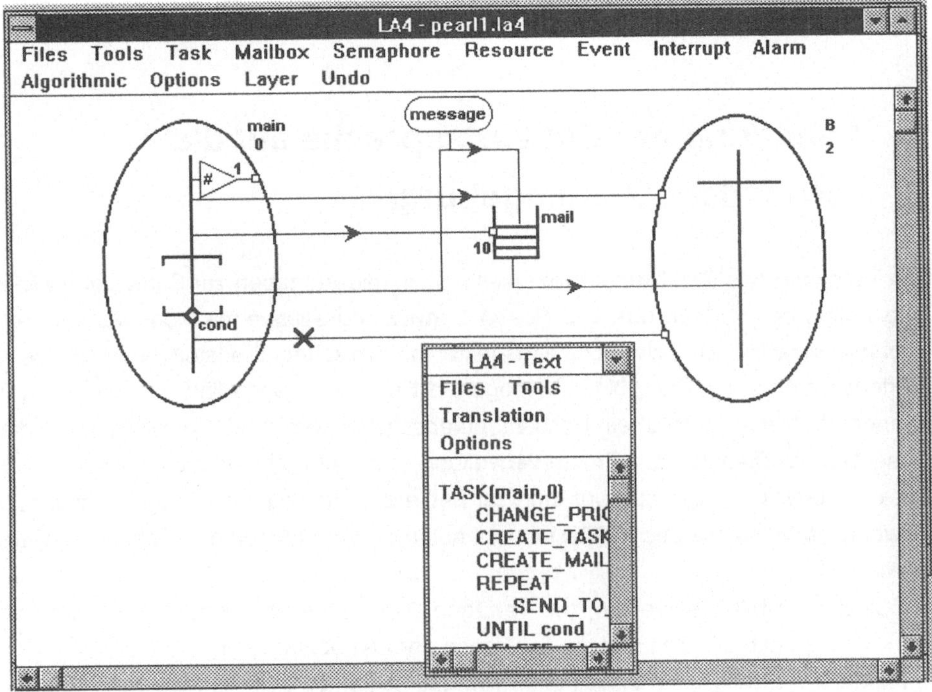

Bild 2-2: Grafische Entwurfsoberfläche mit einem Beispiel

Eine Lacatre-Entwurfsseite (vgl. Bild 2-2) wird beim Übersetzungsvorgang üblicherweise zu einem Modul bzw. einem Programm in der Zielumgebung generiert. Um jedoch einen modularen Entwurf mit definierten Schnittstellen zu unterstützen, können Objekte und zugeordnete Aktionen aus einem Module exportiert bzw. in einen Modul importiert werden. Aufgabe des Compilers ist es, diese Import- und Export-Anweisung, die Bestandteil des Menüpunktes "Algorithmic" sind (vgl. Bild 2-2), in der Zielumgebung entsprechend ihrer Bedeutung umzusetzen.

Um die Komplexität und damit die Übersichtlichkeit des grafischen Entwurfes zu verbessern, kann dieser in mehreren Entwurfsebenen dargestellt werden. Diese Ebenen werden als Layer bezeichnet (vgl. Bild 2-2) und liegen als "durchscheinende Folien" übereinander. Sie dienen vorrangig dazu, unterschiedliche Aspekte des Entwurfes aufzunehmen. Vorgeschlagen wird eine Unterteilung des Entwurfes in eine

- Kernphase

  Die Kernphase beschreibt den "normalen" Betrieb der Anwendung ohne Fehler- oder sonstige Nebeneffekte.

- Ausnahmephase
  Die Ausnahmephase beinhaltet alle besonderen Situationen, die den normalen Betrieb der Anwendung stören und gesondert behandelt werden müssen.
- Umgebungsphase
  Die Umgebungsphase beschreibt das Erzeugen und Vernichten der Objekte.

3. Abbildung der Entwurfssprache auf die vorhandene Zielumgebung

Alle Versuche des Praktikums Prozeßleittechnik, die Aufgaben zur Softwareentwicklung beinhalten, nutzen das *Top Speed Entwicklungssystem* mit Modula-2 als Programmiersprache. Um die Echtzeitaspekte mit typischen Diensten eines Echzeitbetriebssystems innerhalb einer homogenen Entwicklungsoberfläche behandeln zu können, wurde am Institut ein Echtzeitbetriebssystemkern XMOD entwickelt, der die wesentlichen Dienste zur Prozeßverwaltung, zur Interprozeßkommunikation, zur Speicherverwaltung, zur Interrupt- und zur Fehlerbehandlung zur Verfügung stellt. Die Anwenderschnittstelle des XMOD besteht aus mehreren Modulen zu folgenden Komplexen:

- XClock Stellt Zeitdienste zur Verfügung, die es einem Prozeß erlauben, die aktuelle Zeit und die Auflösung der Zeit abzufragen.
- XExc: Ermöglicht die Auslösung von Laufzeitfehlern, die Abfrage von Fehlercodes, die Installation von Abbruchprozeduren sowie das Setzen und Abfragen der automatischen Restart-Fähigkeit eines Prozesses.
- XMail: Stellt Dienste zum Datenaustausch zwischen Prozessen zur Verfügung.
- XMem: Organisiert die gesamte dynamische Speicherverwaltung eines Prozesses.
- Xprocess: Ermöglicht das Kreieren, Abbrechen und Vernichten von normalen und Interruptprozessen sowie das Setzen und Abfragen der Prozeßattribute
- XRegion: Stellt alle notwendigen Dienste zum Verwalten kritischer Regionen, d.h. nichtwiedereintrittsfähiger Programmbereiche zur Verfügung.
- XSema: Realisiert das Konzept des klassischen mehrwertigen Semaphors zur Synchronisation von Prozessen.

Soll nun der Echtzeitentwurf grafisch mithilfe der Lacatre-Objekte durchgeführt werden, so ist eine Umsetzung der Lacatre-Objekte und Aktionen (Dienste) in XMOD-Objekte und Dienste erforderlich. Tabelle 1 zeigt auszugsweise die Zuordnung der Lacatre- zu XMOD-Objekten.

Tabelle 1: Zuordnung von Lacatre-Objekten zu XMOD-Objekten

Lacatre-Objekte und Dienste	**auf XMOD abgebildet**
Task	XProcess.
Create	NewProcess
Delete	KillProcess
Inquire	Prio
Change-Priority	ChangePriority
Suspend,Delete	nicht umsetzbar
Delay	Xclock.WaitMSeconds
Semaphore	Xsema.
Send To	Request,RequestNoWait
Wait On	Release
....	....

Wie Tabelle 1 andeutet, sind Quell- und Zielsystem sehr ähnlich, aber nicht deckungsgleich. Damit ist neben einer Anpassung des Programmgenerators auch eine Modifikation der grafischen Entwurfsoberfläche erforderlich. Da der Entwurfsteil jedoch gegenwärtig überarbeitet und erweitert wird, wird auf detaillierte Anpassungsarbeiten verzichtet. Vorhandene Objekte bleiben erhalten, nicht sinnvoll übertragbare Objekte, wie "Event" sind in der Oberfläche sichtbar, aber nicht mehr aktivierbar. Eine Modifikation von Objektdetails erfolgt nicht. In den Zielcode werden Kommentare eingefügt, die auf Probleme bzw. nicht übertragbare Attribute hinweisen.

Die Compilerbeschreibungssprache LET (Language d'Ecriture de Tranducteurs), beschreibt die Übersetzung der Textversion des Entwurfes in die Zielumgebung. Sie basiert auf der Methode der attributierten Grammatik und entstand am I.N.S.A.-Institut [1]. Bild 3-1 zeigt die Übersetzungsschritte. Die Syntaxanalyse zerlegt die Quellsprache in ihre Bestandteile und testet diese auf Vollständigkeit. So kann beispielsweise erkannt werden, ob Datenelemente vor ihrer Einlagerung in eine Mailbox definiert wurden oder ob die Abbruchbedingung einer algorithmischen Anweisung genannt sind. Die sematische Analyse untersucht die Eigenschaften des Quellprogrammes, die sich grammatisch nicht darstellen lassen, z.B. ob ein benutztes Objekt durch eine "Create"-Anweisungen" erzeugt wurde. Die Syntax- und

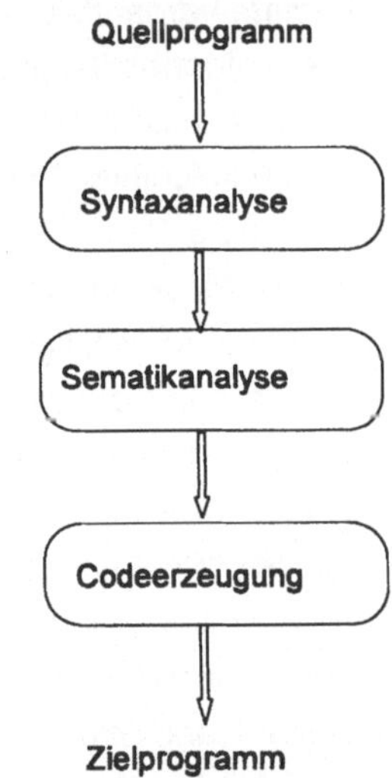

Bild 3-1: Struktur des Programmgenerators

die Semantik-Analyse untersuchen ein Quellprogramm in der Lacatre-Textform und sind damit unabhängig von der Zielumgebung. Nur der letzte Übersetzungsschritt, die eigentliche Zielcodegenerierung ist abhängig vom Zielsystem. Hier werden den Echtzeitobjekten und Diensten von Lacatre passende Konstrukte des Zielsystems zugewiesen. Die Möglichkeit einer solchen Umsetzung hängt von der konzeptionellen Nähe zwischen Lacatre und dem Zielsystem ab. Im Falle von Modula-2 und XMOD sind die Abweichungen gering und eine Abbildung ist mit wenigen Einschränkungen möglich.

4. Anwendung im studentischen Praktikum

Das Praktikum zur Prozeßleittechnik beinhaltet mehrere Versuche zur Echtzeitprogrammierung, u.a.

- einen einführenden Versuch zur Nutzung der Dienste eines Echtzeit-Betriebssystems und
- eine Projektarbeit zum Entwurf und zur Implementierung einer Modellroboter-Steuerung.

Der Einführungsversuch stellt die erste praktische Konfrontation der Studenten mit parallelen Prozessen sowie den typischen Synchronisations- und Kommunikationsmitteln dar. Bei seiner Durchführung überdeckten bisher häufig die syntaktischen Probleme der Notation der Echtzeitdienste das prinzipielle Verständnis für die Mechanismen und Mittel. Deshalb soll beispielhaft an diesem Versuch die Nutzung von Lacatre verdeutlicht werden.

Die Aufgabenstellung enthält die Simulation eines Fertigungsabschnittes mit drei Produktionsstraßen, die Produkte unterschiedlicher Art produzieren, und einer Verpakkungseinrichtung. Die Produzenten besitzen je nach Aufgabenstellung keine oder eine begrenzte Anzahl von Produktspeichern die Produkte sind entweder sortenrein oder gemischt zu verpacken. Die Studenten entwerfen dieses Erzeuger-Verbraucher-Problem zunächst grafisch, vgl. Bild 5-1. Eine Main-Task erzeugt die vier Produktionsprozesse und die Synchronisationsmittel und überwacht anschließend die Simulationszeit. In der hier dargestellten Aufgabenvariante ist jedes Produkt einzeln zu verpacken. Daher trägt jeder Produzent die Nachricht über ein fertiggestelltes Produkt in eine Mailbox "Produktsammler" ein und wartet, bis die Verpackungseinrichtung das Produkt entnimmt und eines der Semaphore "Sema1"bis "Sema3" freigibt. Der Produzent entnimmt diesen Passierschein zur Weiterarbeit. An diesem grafischen Entwurf werden Anzahl und Wahl der Synchronisationsmittel und der Prozeßprioritäten diskutiert. Anschließend erfolgt die Umsetzung in den Modula2-Quelltext und das Programmskelet ist auszufüllen. Die Simulation ist mit unterschiedlichen Produktionszeiten und

Puffergrößen durchzuführen. Während der Testphase experimentieren die Studenten aber u.a. auch mit verschiedenen Prozeßprioritäten, Exceptionhandlern oder Synchronisationsmitteln. Eventuell auftretende Fehler und Verklemmungen können anhand des grafischen Entwurfes anschaulich diskutiert werden.

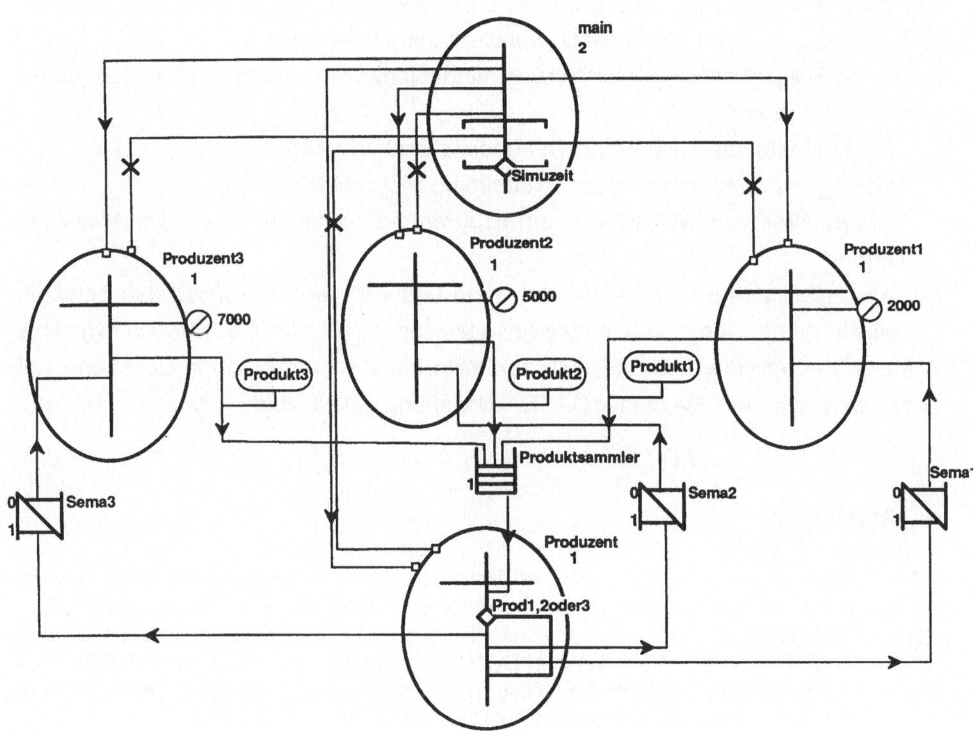

Bild 5-1: Entwurfsbeispiel eines studentischen Versuches

5. Zusammenfassung

Folgende Vorteile ergeben sich durch die Nutzung des Werkzeuges:

- Erziehung zu methodischen Vorgehensweisen
- grafische Darstellung des Echtzeitentwurfes, damit verbessertes Verständnis für das Echtzeitproblem und die Interaktionen der Elemente
- einheitliche Darstellung als Diskussionsgrundlage bei der Praktikumsdurchführung
- der Entwurf ist gleichzeitig Grundlage für eine übersichtliche und anschauliche Projektdokumentation

- Vermeidung von Routinearbeiten und zeitaufwendiger Fehlersuche und -korrektur bei der Implementierung
- Ausgleich unterschiedlicher Vorkenntnisse der Studenten duch die integrierte Syntax- und Semantikkontrolle des Entwurfes

Das hier beschriebene Vorgehen hat sich bisher insbesondere für Einführungsversuche zur Echtzeitprogrammieung bewährt. Für weiterführende, komplexere Versuche wird darauf aufbauend auf folgende Schwerpunkte orientiert:

- durchgängige Werkzeugunterstützung mindestens vom Grobentwurf, besser ab der Problemanalyse
- stärkere methodische Führung in früheren Entwurfsphasen
- Nutzung von Simulations- bzw. Prototyping-Möglichkeiten
- Verfügbarkeit von Werkzeugen zur Programmrückdokumentation (Reverse-Engineering).

Gegenwärtig ist eine neue, stark erweiterte und verbesserte Version des Entwurfssystems in Vorbereitung. Nach ersten Ankündigungen [4] erfüllt diese Version wesentliche o.g. Forderungen, so daß u.U. zukünftig einführende und fortgeschrittene Aufgabenstellungen mithilfe dieser CASE- Umgebung gelöst werden können.

Literatur

[1] Schwarz,J.J.; Skubich,J.J. und Maranzana,M.: CASE tools for iRMX Applications. 9th IRUG International Conference Proceedings, Portland,USA, 1993.

[2] Schwarz,J.J.; Skubich,J.J.: Real Time Multitasking Design with a Graphical Tool. First IEEE Workshop on Real Time Applications. New York, USA, 1993.

[3] Schwarz,J.J.; Skubich,J.J.: Graphical Programming for Real Time Systems. Control Engineering Practice IFAC, 1993 (1) Nr.1, S. 43-49.

[4] Schwarz,J.J.; Skubich,J.J. und Maranzana,M. und Szwed,P.: Application Objects and Modularity in Real Time Graphical Modelling. 6th EuroMicro Workshop on Real Time Systems, Vaesteraas, Sweden, 1994.

[5] Pomberger,G und Blaschek,G.: Software Engineering. Hanser Verlag, München 1993.

Ein multimedialer Kurs der Echtzeitprogrammiersprache PEARL

W. A. Halang, M. Simon und **H. Tatz**
FernUniversität
Fachbereich Elektrotechnik
58084 Hagen
wolfgang.halang@fernuni-hagen.de
http://www.fernuni-hagen.de/www2bonsai/IT/welcome.html

1 Einleitung

Am Lehrstuhl für Informationstechnik der FernUniversität wird ein multimedialer, an der Sprachvariante PEARL-90 orientierter Kurs der Echtzeitprogrammiersprache PEARL entwickelt. Mit dem Erlernen der Programmiersprache soll der Zugang zu im Kurs ebenfalls behandelten Verfahren zur Echtzeitprogrammierung von Aufgaben aus dem Bereich der Prozeßautomatisierung erleichtert werden. Die Kursinhalte werden dabei methodisch und didaktisch durch den Einsatz eines PC-basierten, interaktiven Lernprogrammes in besonders effektive Weise vermittelt. Der Kurs wird bis Ende 1995 fertiggestellt sein und vom Studienjahr 1996/97 an in das reguläre Studienangebot der FernUniversität aufgenommen werden. Weiterhin ist beabsichtigt, den Kurs auch über World Wide Web und verschiedene Kabelnetze anzubieten.

Die Lehrpläne insbesondere technischer Studiengänge müssen fortlaufend aktualisiert und an die Entwicklung angepaßt werden. Darüberhinaus ist in der Fernlehre der Beschränkung Rechnung zu tragen, daß den Lehrstoff betreffende Fragen der Studierenden — mit Ausnahme einiger weniger Präsenzveranstaltungen — kaum im direkten Gespräch diskutiert werden können. Diese Randbedingungen erfordern es um so mehr, daß didaktisch und inhaltlich hochwertiges Lehrmaterial zur Verfügung gestellt und so früh wie möglich an die Studierenden ausgeliefert wird. Die Verteilung traditionellen, papiergebundenen Lehrmaterials nimmt jedoch — vom Redaktionsschluß über die Drucklegung bis zur Auslieferung — naturgemäß einen längeren Zeitraum in Anspruch und kann daher die Weitergabe aktueller Informationen verzögern. Zusätzliches Ziel des Projektes ist es daher, Wege zur Verkürzung der Auslieferungszeiten von Lehrmaterialien zu weisen. Rechnergestützte Medien sind dazu besonders gut geeignet, denn entsprechende Programme erlauben es, Lehrmaterial direkt und ohne zeitlichen Verzug über leitungsgebundene Medien oder auf Datenträgern an Studierende weiterzuleiten. Ein weiterer Vorteil liegt in der Möglichkeit, ausgelieferte Software jederzeit kurzfristig zu aktualisieren, so daß eine schnellere Anpassung an neuere technische Entwicklungen möglich wird. Zwar deckt jedes Lernprogramm nur einen eng begrenzten Themenbereich ab, jedoch ist es innerhalb gewisser Grenzen möglich, eine Programmoberfläche durch einfachen Austausch der unterlegten Datenbasis an die Inhalte anderer Kurse anzupassen. Die für den Einsatz solcher Programme erforderliche Hardware ist inzwischen recht preisgünstig zu haben und zählt bei vielen Studierenden ohnehin schon zu den selbstverständlichen täglichen Arbeitsmitteln, so daß einem breiteren Einsatz nichts mehr entgegensteht.

2 Programmaufbau und Kursinhalt

Das Lernprogramm ist für Anfänger konzipiert, die noch keine andere Programmiersprache kennen — was jedoch nicht heißen soll, daß es nicht auch einen guten Einstieg für andere bietet, die PEARL kennenlernen möchten, zumal das gesamte PEARL-90-Handbuch als Online-Hilfe zur Verfügung steht. Der Inhalt des Programmes gliedert sich in die fünf Kapitel Module, Steueranweisungen, Prozeduren, Ein- und Ausgabefunktionen sowie Hardware-Anbindung und RTOS-UH.

2.1 Module

Im ersten Kapitel werden die Grundlagen von PEARL-Programmen vermittelt. Dazu gehören das Konzept des modularen Programmaufbaus, die wichtigsten Schreibregeln,

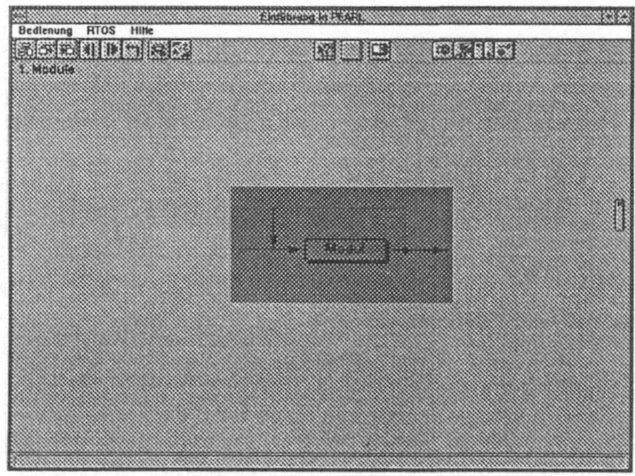

Abbildung 1: Graphische Darstellung eines Programmoduls

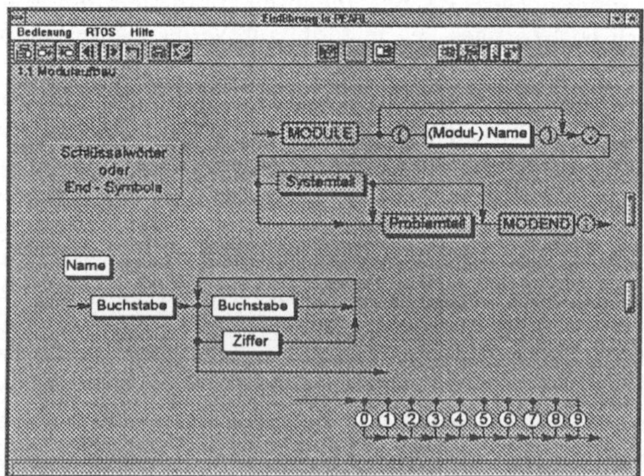

Abbildung 2: Elemente einer Bildschirmseite

die Aufteilung in System- und Problemteil sowie die Datentypen, die in PEARL verfügbar sind. Alle Teile — das gilt auch für die nachfolgenden Beschreibungen — werden sowohl auditiv wie auch visuell vermittelt, d.h. zum gesprochenen Wort, den Erläuterungen, baut sich auf dem Bildschirm ein Arrangement graphischer Elemente auf (Abb. 1 und 2). Wenn eben möglich werden alle Erklärungen gleich als Beispiele in die Sprache PEARL

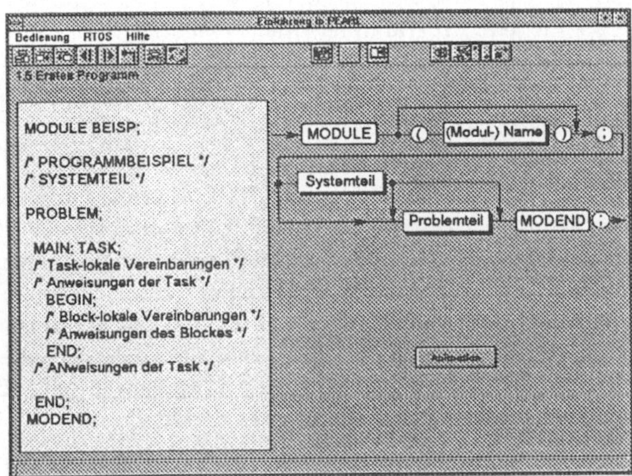

Abbildung 3: Struktur eines PEARL-Programmes

umgesetzt, so daß zu den theoretischen Aspekten gleich die Praxis hinzutritt. Am Ende des ersten Kapitels ist dann auch das erste übersetzbare PEARL-Programm erstellt. Dieses Programm besteht zwar fast ausschließlich aus Kommentaren, ist aber immerhin schon ein richtiges PEARL-Programm. Es bildet die Grundlage für ein Programm, das in den

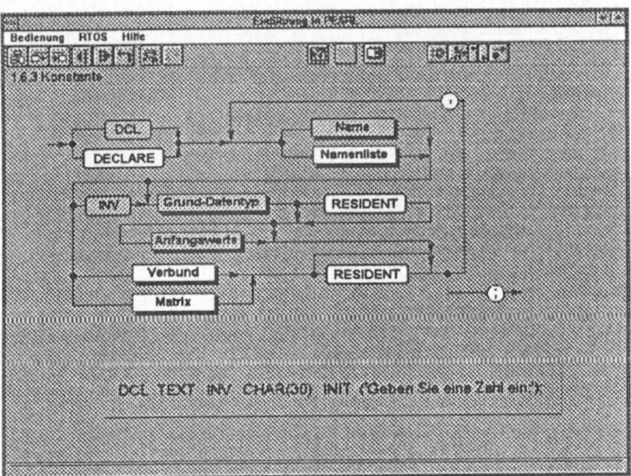

Abbildung 4: Graphische Darstellung von Sprachelementen

nächsten zwei Kapiteln nach und nach mit Inhalt gefüllt wird (Abb. 2). Auf diese Weise lernt der Studierende, wie wichtig es ist, sich zunächst Struktur und Aufgaben eines Programmes (Abb. 3) zu überlegen — indem nämlich mit umgangssprachlichen Formulierungen in Form von Kommentaren zunächst ein Programmablauf erstellt wird, der dann eigentlich in jeder Programmiersprache gefüllt werden könnte. Als erstes Beispielprogramm, das sukzessiv erstellt wird, dient die Ein- und Ausgabe von Zahlen. Die Anzahl der eingegebenen Zahlen soll registriert, die Zahlen selbst in aufsteigender Reihenfolge sortiert, addiert und dann ausgegeben werden. Für jemanden, der schon Programmiererfahrung hat, dienen die nächsten Kapitel, um sich über die Sprachelemente von PEARL zu informieren (Abb. 4). Der Programmierneuling erfährt hier außerdem die wichtigsten Grundlagen, wie er sie für jede Programmiersprache benötigt.

2.2 Ablaufsteueranweisungen

In diesem Kapitel werden die Steueranweisungen (Abb. 5) erklärt und beschrieben, die es ermöglichen, flexible, bedingungsgesteuerte Abläufe zu programmieren. Zu diesen grundlegenden Techniken gehören bedingte Anweisungen, Fallunterscheidungen, Schleifen bzw. Wiederholungen und Sprünge. Alle Steueranweisungen werden in das zu erstellende Beispielprogramm eingebaut. Eine Abfrage wird z.B. einmal mit der einen Methode, dann mit der anderen realisiert, wobei auch die Vor- bzw. Nachteile der jeweiligen Lösungen erläutert werden. Besonders gewarnt wird vor der Sprunganweisung. Da sie aber zum Sprachumfang von PERAL gehört, wird ihr Einsatz erklärt.

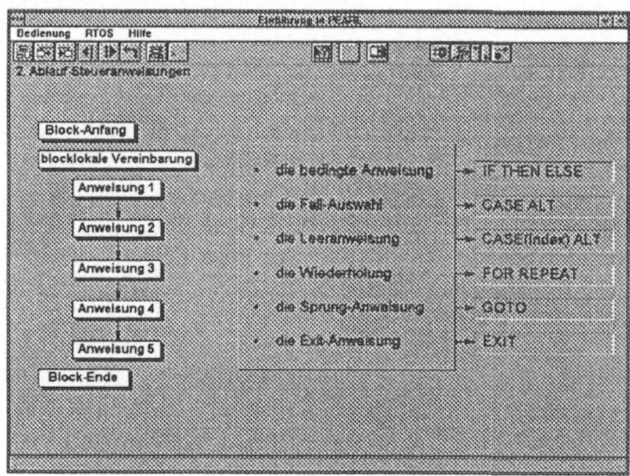

Abbildung 5: Steueranweisungen

2.3 Unterprogramme

Dieses Kapitel bildet den Kern im Hinblick auf die Modularisierung von Programmen. Der Studierende erfährt alles über den Einsatz von Prozeduren. Das rationelle Zusammenfassen in Programmen wiederkehrender Tätigkeiten und die Übersichtlichkeit gesamter Programmstrukturen werden hier vermittelt. Eine einfache Ablaufprozedur, Prozeduren mit Parameterübergabe (Wert- und Namensübergabe) und Funktionsprozeduren werden in das oben erwähnte Beispielprogramm eingearbeitet (Abb. 6). Am Ende des Kapitels ist dieses dann — bis auf Ein- und Ausgabe — fertig. Weil es sich dabei nur um Terminal-Ein-/Ausgabe handelt, wird der entsprechende Code vorgegeben, so daß jemand, der sich schon über die Hardware informiert und den Übersetzer ausprobiert hat, an dieser Stelle das Programm ablaufen lassen kann.

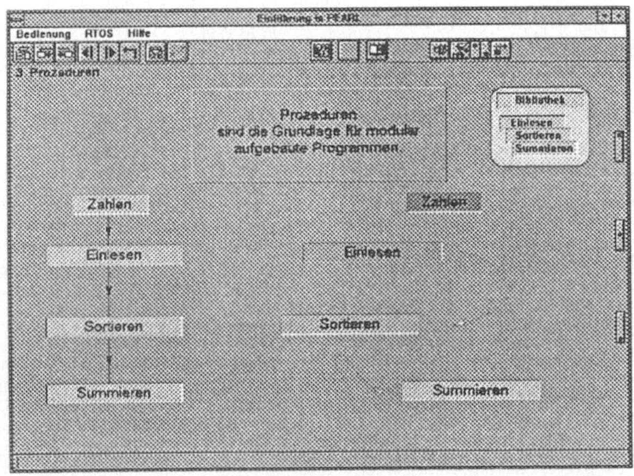

Abbildung 6: Ablaufdiagramm des Sortierprogramms

2.4 Ein- und Ausgabefunktionen

An dieser Stelle werden Ein- und Ausgabefunktionen nur kurz angerissen. Die wichtigsten Details werden erklärt und in Form von Ablaufanimationen vorgeführt. Alle weiteren Möglichkeiten, die PEARL zur Ein- und Ausgabe bietet, können im Online-Handbuch nachgelesen werden. Die Beispielprogramme bzw. Programme, die der Studierende sel-

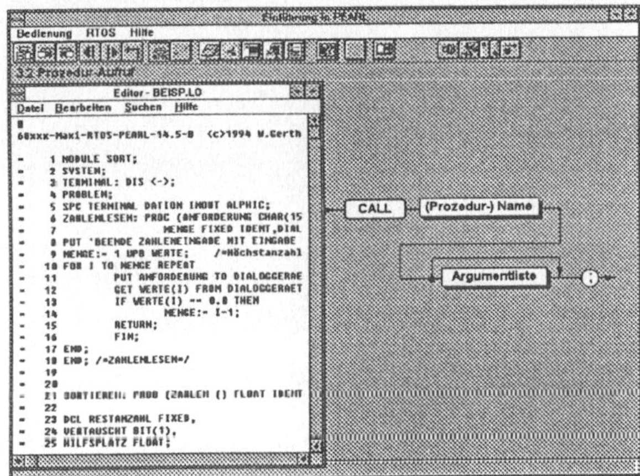

Abbildung 7: Übersetzen eines PEARL-Programmes

ber schreiben möchte, werden von einem, in der Lernprogrammumgebung eingebetteten ASCII-Editor angezeigt und bearbeitet. Diesen Editor kann der Studierende frei wählen. Vorgegeben ist das Notepad-Progamm von Windows, was jedoch durch einen Eintrag in der INI-Datei des Lernprogrammes leicht abgeändert werden kann. Nachdem ein Quellprogramm geschrieben und abgespeichert ist, kann es — auch aus der Lernprogrammumgebung heraus — übersetzt werden. Dieser Vorgang wird protokolliert und eventuell aufgetretene Fehler werden in einer Log-Datei festgehalten und angezeigt (Abb. 7). Dabei sieht der Studierende genau die Zeile(n), wo ein Fehler aufgetreten ist. Er kann diese mit dem Editor korrigieren und es erneut versuchen. Nach erfolgreicher Übersetzung steht das Objektprogramm auf der Festplatte bereit.

2.5 Hardware-Anbindung und RTOS-UH

Die für Anfänger sicherlich nicht einfache Bedienung und Handhabung eines extern anzuschließenden und der Bearbeitung realistischer Prozeßautomatisierungsaufgaben dienenden Einplatinenrechners wird in diesem Kurskapitel erläutert. Er besteht aus einer kleinen Platine mit 68XXX-CPU, Speicher, Zeitgeber, serieller Schnittstelle, dem Betriebssystem RTOS/UH in PROMS sowie Stromversorgung. Das RTOS/UH-Handbuch wurde vollständig in das Lernprogramm integriert. Das Terminal-Programm von Windows überträgt erzeugten Maschinencode an den Einplatinenrechner und kommuniziert gleichzeitig mit dessen Bedienschnittstelle. Letztere ermöglicht vom PC aus die vollständige Kontrolle aller Funktionen des Einplatinenrechners. Ausgaben darauf laufender Programme können zurückgelesen werden. Sie werden über die serielle Schnittstelle an das Terminal-Programm übergeben und vom Lernprogramm angezeigt (Abb. 8). Gemäß

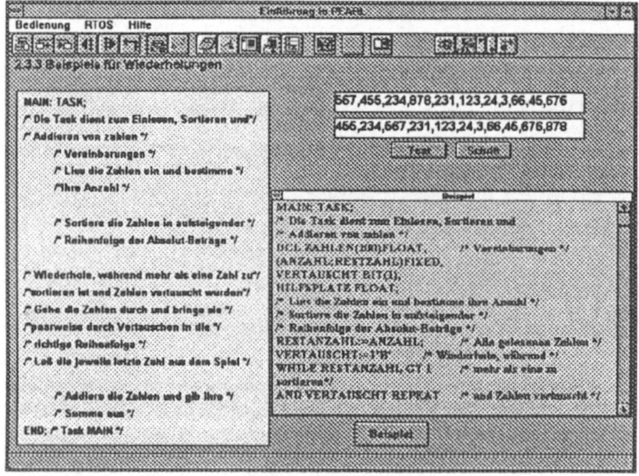

Abbildung 8: Ausführung des Sortierprogramms

der generellen Zielsetzung des Kurses, Studierende zunächst mit der Programmiersprache PEARL vertraut zu machen und sie später mit möglichst realitätsbezogenen Aufgabenstellungen zu konfrontieren, ist der Einplatinenrechnerechner mit analogen und digitalen Ein- und Ausgängen versehen, über die in späteren Laborpraktika periphere Einheiten angeschlossen werden können. Das ermöglicht eine praxisbezogene Bearbeitung von Steuer- und Regelungsaufgaben. Zusätzlich ist der Systembus des Rechners herausgeführt, so daß rechnerinterne Vorgänge wie z.B. der Datenaustausch zwischen Prozessor, Speicher und Peripherie mit Hilfe eines Logikanalysators beobachtet werden können.

3 Programmablauf und -steuerung

Um den Einstieg zu erleichtern, wurde der Aufbau des Kurses an die gewohnte Struktur von Manuskripten angelehnt. Die aufeinanderfolgenden Lektionen sind seitenweise organisiert und in Kapitel untergliedert, innerhalb derer vor- und zurückgeblättert werden kann. Wer möchte, kann diese Folge von der ersten bis zur letzten Bildschirmseite linear durchlaufen. Querverweise zwischen den einzelnen Seiten wurden als Hypertextlinks ausgeführt, so daß Informationen zu thematisch verwandten Bereichen bei Bedarf direkt zur Verfügung stehen. Natürlich kann auch aus einem Inhaltsverzeichnis zur gewünschten Seite gewechselt werden. Die Seiten selbst sind nach einem festen Schema aufgebaut, um Ablenkungen durch neue und ungewohnte Effekte zu vermeiden. Dabei wird der Anteil schriftlicher Informationen zunächst gering gehalten. Durch graphische Animationen — vorzugsweise in Form von Struktogrammen oder Ablaufdiagrammen — stellt sich der Kern der Information jeder einzelnen Seite prägnant auf dem Bildschirm dar. Es entsteht zuerst ein visueller Eindruck des gezeigten Inhalts. Getragen wird diese Vermittlung durch unterlegten Ton. Das gesprochene Wort schafft die Verbindung unter und zwischen den einzelnen visuellen Elementen. Der Informationsgehalt jeder Seite kann in folgenden Formen dargeboten bzw. simultan ergänzt werden:

- graphische Animation in Form von Struktogrammen oder Ablaufdiagrammen,
- Tonausgabe (gesprochenens Wort),
- schriftliche Ausgabe gesprochener Texte,
- kurze, prägnante Hilfstexte zur Ergänzung graphischer Animation,
- kontextbezogene Referenzen auf die integrierten PEARL-90- und RTOS/UH-Handbücher,
- direkter Aufruf dieser Handbücher und
- Beispielprogramme zur Vorführung der prktischen Anwendung des Lehrstoffes.

3.1 Tonausgabe

Optional kann der gesamte Ton des Lernprogramms abgestellt werden. Für diesen Fall gibt es die Möglichkeit, sich auf jeder Seite den gesprochenen Text in einem Fenster anzeigen zu lassen. In dieser Konfiguration läßt sich das Programm notfalls auch auf Rechnern betreiben, die nicht mit einer Tonkarte ausgerüstet sind. Schließlich ist noch vorgesehen, nur die graphische Animation einer Seite ohne Ton und ohne Hilfstexte abzuspielen, z.B. um zu überprüfen, ob man den gehörten Inhalt selbst rekonstruieren kann. Akustische Animation bietet den Vorteil, zu jeder Seite weit mehr Information bereitstellen zu können, als es durch reinen Text möglich wäre. Sie kann daher wesentlich ausführlicher als der zusätzlich unterlegte Hilfstext gehalten werden. Damit wird der Bildschirm seiner eigentlichen Aufgabe gerecht: Er zeigt, verdeutlicht und vertieft die Inhalte, die das Wort vermittelt. Die parallele Darbietung des Lehrstoffes auf verschiedenen Wegen in textueller Form unterstützt durch Ton und Bildsequenzen ermöglicht einen besonders effektiven Lernprozeß.

3.2 PEARL-90- und RTOS/UH-Handbücher

Das PEARL-90-Handbuch stellt, zusammen mit der RTOS/UH-Referenz, die in die Handhabung des Einplatinenrechners und seines Betriebssystems einführt, eine vollständige Sprach- und Systembeschreibung dar, auf die zu jedem Zeitpunkt direkt zugegriffen werden kann. Zu jedem PEARL-Schlüsselwort und zu den Kommandos des Betriebssystems steht hier ein informativer Hilfstext bereit. Die Handbücher sind analog den unter Windows bekannten Hilfedateien aufgebaut und bieten sowohl Suchfunktionen als auch durch Hypertext unterstützte Querverweise. Thematisch verwandte Inhalte wurden zu Gruppen zusammengefaßt. Durch Einfügen eigener Kommentare ist es möglich, die Hilfstexte zu ergänzen. Einzelne Abschnitte können bei Bedarf auch ausgedruckt werden. Neben dem direkten Aufruf eines Handbuches besteht die Möglichkeit kontextbezogenen Zugriffes. Dabei wird sofort auf den zur aktuell dargestellten Seite gehörigen Abschnitt des Handbuches verzweigt.

3.3 Steuerung des Lernprogrammes

Um das flüchtige akustische Medium den bisherigen Gewohnheiten visueller Informationsaufnahme anzupassen und mit der graphischen Animation zu synchronisieren, war es erforderlich, eine äusserst flexible Seitensteuerung zu schaffen. Bei deren Entwurf wurde größter Wert auf besonders einfache Handhabbarkeit gelegt, um zu vermeiden, daß eine komplizierte und unübersichtliche Programmbedienung den Lernprozeß behindert.

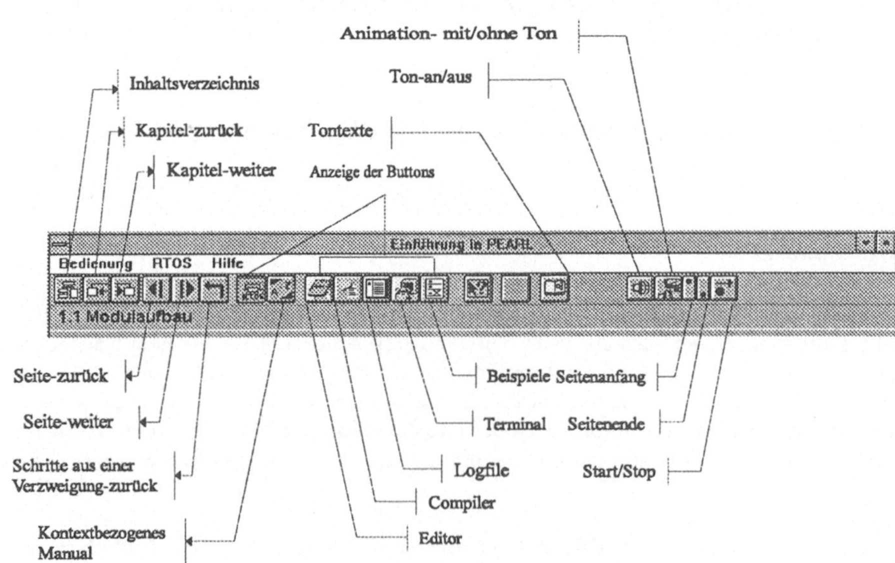

Abbildung 9: Die Bedienelemente des Lernprogrammes

Die Steuerung ist nahezu selbsterklärend und kann intuitiv bedient werden. Dennoch wurde sie mit einer textbasierten und durch graphische Animation unterstützten Hilfefunktion ausgestattet. Die Entwicklung einer Seite und ihrer Komponenten wird nach deren Aufruf sowohl akustisch als auch visuell fortgeführt und kann an jeder Stelle angehalten oder abgebrochen werden, z.B. um zu einem anderen Inhalt zu verzweigen. Das Ganze oder nur ein bestimmter Teil der ausgegebenen Bild- und/oder Tonfolge kann jederzeit wiederholt werden. Es ist auch möglich, sich sofort das Ende eines Seitenaufbaus zeigen zu lassen und an diesem Punkt zu bestimmen, welchen Teil oder von welcher Sequenz ab man die Entwicklung nochmals sehen möchte. An dieser Stelle stehen mehrere Optionen zur Auswahl weiterer Informationsquellen zur Verfügung:

- Übergang zur nächsten Seite. Da der Aufbau des Programms, wie anfangs erwähnt, für Anfänger gedacht ist, baut der Inhalt jeder Seite auf dem der vorhergehenden auf, so daß linearer Fortschritt möglich ist. Diese Vorgehensweise empfiehlt sich vor allem beim ersten Durcharbeiten des Kurses.

- Sprung zum Anfang des nächsten oder vorherigen Kapitels. Diese Option ist sicherlich für jemanden wichtig, der zum wiederholten Male mit dem Programm arbeitet, um schnell zwischen größeren Zusammenhängen navigieren zu können.

- Der Sprung zum Inhaltsverzeichnis erfüllt eine ähnliche Aufgabe. Hier ist die gezielte Auswahl konkreter Inhalte möglich, um nachzuschlagen oder an einer bestimmten Stelle weiterzuarbeiten.

- Einige Seiten fassen bekannte Inhalte nochmals zusammen und stellen neue Inhalte im Zusammenhang vor. Von diesen Seiten aus kann, ebenfalls unterstützt durch Hypertextlinks, zu entfernteren Gebieten gesprungen werden. Folgt man einem Ast dieser Verzweigungen, so kann man entlang des Weges auch wieder bis zum Ausgangspunkt zurückgelangen oder über ein Lesezeichen aus der Tiefe der Verzweigung wieder an den Ursprung zurückkehren.

- Durch Zuschalten der RTOS/PEARL-Entwicklungsumgebung können die im Kurs enthaltenen Beispielprogramme oder eigene Übungsaufgaben übersetzt und auf dem zum Kursmaterial gehörigen Einplatinenrechner getestet werden. Die sofortige praktische Anwendung erworbenen Wissens gestaltet den Lernprozeß besonders effektiv.

Durch die interaktive Handhabbarkeit des Lernprogrammes kann der Studierende jeden Arbeitsschritt selbst bestimmen. Das Programm paßt sich so individuellen Bedürfnissen und Voraussetzungen an und trägt somit unterschiedlichen Lernstrategien weitgehend Rechnung. Lernprozesse gestalten sich dann besonders effektiv, wenn neues Wissen in möglichst enge Beziehung zu bereits bekannten Inhalten gesetzt werden kann. Die durch Hyperlinks gestützte Auswahl verschiedener Pfade durch den Lehrstoff trägt dazu bei, neue Informationen auf individuell unterschiedliche Weise effektiv mit bestehendem Wissen wie z.B. Kenntnissen anderer Programmiersprachen zu verknüpfen. Die Parallelität der Darbietung in Ton, Bild und Text unterstützt dabei den Lernprozeß.

4 Bereitstellung und Hardware-Voraussetzungen

Der Kurs ist zur Bereitstellung auf einer CD konzipiert, weil die Fülle der Tondaten sonst kaum zu zu speichern ist. Da aber keine Videos benötigt werden, bleibt auf der CD noch reichlich Platz übrig. Daher wird bei der Erstellung des Programms ein weiterer Aspekt berücksichtigt: *Mehrsprachigkeit.* Durch eine geeignete Verzeichnisstruktur und die Einbeziehung von Datenbanken ist die Grundlage gelegt, mit relativ geringem Aufwand eine weitere Sprachversion — oder abhängig vom verbleibenden Platz sogar mehrere — auf der CD unterzubringen. Pro Sprachversion muß mit einem Speicherbedarf von etwa 100 MB gerechnet werden. Über einen Menüpunkt kann eine gewünschte Sprachversion gewählt werden, die dann vom Beginn der nächsten Seite an zur Verfügung steht. Als minimale Ablaufumgebung werden ein PC unter Windows 3.1 mit 486-er 33 MHz-Prozessor und 4 MB Hauptspeicher sowie ein CD-ROM-Laufwerk benötigt. Da Ton eine dominierende Rolle spielt, sollte eine entsprechende Karte vorhanden sein. Als Alternative zum Versand von CDs ist auch die Präsentation des Materials in Netzen geplant.

Einige Gedanken zur Portierbarkeit von Echtzeit-Systemen

oder

Portability considered harmful

Karlotto Mangold
ATM Computer GmbH
Konstanz

Summary:
First, this paper discusses the term "portability" under several aspects. Then specific real-time requirements are considered in contrary to non-real-time systems. The real-time requirements are grouped into two classes, those which are covered by real-time language constructs and those which are not. Another aspect is the influence of the underlying hardware architecture and the operating system used on different target systems.
Three approaches to achieve portability are presented and discussed. As a conclusion a proposal is made to document the "hidden" timing requirements in the source code that they can be evaluated by a tool automatically. But nevertheless, porting a real-time application system keeps a risk.

Zusammenfassung:
Zunächst soll der Begriff der Portierbarkeit zumindest soweit definiert werden, daß er im Rahmen dieses Beitrages operabel ist. Dann zum Begriff der Echtzeit-Systeme:Echtzeit-Systeme unterscheiden sich von "Nicht-Echzeit-Systemen" im wesentlichen dadurch, daß zusätzliche Anforderungen an das Echtzeit-Verhalten erfüllt werden müssen.
Ein weiterer Punkt, der bei Portabilitätsuntersuchungen und -Abschätzungen nur sehr schwer zu berücksichtigen ist, liegt im möglicherweise unterschiedlichen Verhalten des verwendeten Betriebssystems oder der unterschiedlichen Hardware-Strukturen. Abschließend soll eine erste Idee vorgestellt werden, was vielleicht getan werden könnte, um die Portierbarkeit von Echtzeitsystemen zu vergrößern. Vorläufig muß jedoch vor einer zu großen Euphorie bezüglich der Portierbarkeit von Echtzeitsystemen gewarnt werden.

Einleitung

Zunächst soll hier der Hintergrund für die nachfolgenden Überlegungen dargestellt werden. Jeder, der sich mit Echtzeit-Datenverarbeitung befaßt hat für sich eine Vorstellung, was es heißt ein Echtzeit-System zu erstellen und dieses dann gegebenenfalls zu portieren. Im folgenden soll von folgendem Szenario ausgegangen werden: Zunächst wird ein Echtzeitsystem, zum Beispiel die Steuerung eines Walzwerks erstellt. Der zu steuernde technische Prozeß hat bestimmte Echtzeitanforderungen, die von dem Steuerungssystem in Hardware, Grundsoftware und Anwendungs-Software erfüllt werden müssen.
Dieser technische Prozeß hat jedoch auch eine gewisse Lebensdauer, die bei hochwertigen Investitionsgütern im allgemeinen in der Größenordung von 25 bis 30 Jahren liegt. Unterstellt man, daß sich der technische Prozeß (das zu steuernde Objekt) in dieser Zeit bezüglich seiner Echtzeitanforderungen nicht wesentlich verändert, so könnte man mit demselben Steuerungssystem über diesen Zeitraum unverändert leben. Dies ist allerdings ein theoretischer Ansatz, da zwar die Komponenten des Prozesses durch Ersatzteilhaltung, vorbeugende Wartung, etc. so lange in Betrieb gehalten werden können und müssen, die zur Steuerung verwendete Rechner-Hardware jedoch eine wesentlich kürzere Lebenszeit hat und dann nicht mehr beschaffbar und/oder nicht mehr wartbar ist. Wo gibt es heute noch Ersatz für den in den siebziger Jahren in solchen Systemen eingesetzten Kernspeicher, wer kann die physikalisch großen Plattenlaufwerk jener Zeit (meist mit kleinerer Kapazität als der Hauptspeicher eines heutigen PCs) heute noch warten oder softwarekompatibel ersetzen? Es soll deshalb davon ausgegangen werden, daß bei der hier untersuchten Problematik der technische Prozeß im wesentlichen unverändert ist, daß jedoch eine Lösung gesucht werden soll, die es erlaubt das System mit moderner, wartbarer Rechner-Hardware und wenn möglich bereits erprobter Software am Leben zu erhalten.
Was sind nun spezielle Echtzeit-Anforderungen? Diese lassen sich im wesentlichen in zwei unterschiedliche Klassen einteilen. Neben den Echtzeit-Funktionen, die von Echtzeit-Programmier-Sprachen abgedeckt werden, sind vor allem kritischere Anforderungen nach einem bestimmten Zeitverhalten des Systems zu betrachten. Solche Forderungen sind z.B. (vom Anwender formuliert): "Das System muß 100 fliegende Ziele erkennen, verfolgen und darstellen können. Bei einer Antennenumlaufzeit von 2 Sekunden dürfen keine Ziele verloren gehen". Während der Realisierung des Systems werden in den einzelnen Entwicklungs-Phasen daraus Forderungen an das Zeitverhalten einzelner Komponenten abgeleitet. Beispiele dafür wären: Interrupt-Latenzzeit kleiner als 1 msec, oder Task-Wechselzeit < 100 μsec.
Während die Anforderungen aus der ersten Gruppe mit zusätzlichen Forderungen an die Portierbarkeit von Programmen in High Order Languages abgedeckt werden können, sind Forderungen der zweiten Art meist viel schwieriger zu behandeln. Sie lassen sich bisher in keiner Programmier-Sprache formulieren. Sie stehen hoffentlich in einem Spezifikations-Dokument und günstigstenfalls als Kommentar in einem Quellprogramm.
Das heißt für die Portierung eines Echtzeit-Systems, das ja in der portierten Form auch die ursprünglich gestellten Zeitforderungen erfüllen muß, sind diese Anforderungen oft nicht einmal mehr "einfach auffindbar". Es kann zwar unterstellt werden, daß die (neue) Ziel-Hardware einer Portierung im allgemeinen schneller ist, als die ursprünglich verwendete Hardware und daß deshalb die Zeitbedingungen quasi-automatisch erfüllt werden können. Eine Garantie dafür gibt es aber nicht und wenn gleichzeitig von einem hochoptimierten

Realzeit-Kern auf ein allgemeingehaltenes General Purpose Betriebssystem gewechselt wird, ist diese Hoffnung unter Umständen nicht mehr erfüllt.

	PC486/DX2 66 MHz					MVME197 RISC
Funktion	AT&T UNIX	SCO-UNIX	LYNX/ OS	Solaris 2.4	REAL/IX	REAL/IX
getpid	16 µs	18 µs	11 µs	30 µs	11 µs	4 µs
sbrk	700 ns	700 ns	920 ns	4000 ns	650 ns	8000 ns
fork	3.4 ms	3.9 ms	6.0 ms	36.0 ms	2.8 ms	1.5 ms
tty-write	11 MB/s	5.5 MB/s	13 MB/s	k.A.	15 MB/s	50 MB/s
Dhrystone	41.605	41.223	40.065	39.872	43.500	188.000

Tabelle 1: Ausführungszeiten verschiedener Systemdienste

Ein Alarmsignal für die Portierung von Echtzeit-Systemen stellt die Tabelle 1 dar. Hier wurden mit demselben Betriebssystem (REAL/IX) die Laufzeiten von einigen Systemfunktionen auf zwei unterschiedlichen Hardware-Architekturen gemessen. Dabei handelte es sich um einen INTEL-basierten PC und einen RISC-Prozessor. Obwohl im konkreten Fall der RISC-Prozessor etwa die vierfache Verarbeitungsleistung (gemessen in Dhrystones bietet, gibt es Systemfunktionen zur Speicherverwaltung, die architekturbedingt über den Faktor 10 (!) langsamer sind.
Bevor hier auf die Problematik bei der Portierung von Echtzeitsystemen eingegangen werden kann, sollen und müssen jedoch noch einige Begriffe geklärt werden.

Was ist Portabilität

Betrachtet man die Portabilität (von Software-Systemen) aus Anwender- oder Nutzer-Sicht, so wird erwartet, daß ein Softwaresystem auf einer anderen als der ursprünglichen Plattform zum Ablauf gebracht werden kann, wobei das Verhalten des Systems identisch oder sogar "besser" sein soll, als in der ursprünglichen Umgebung. Bei dieser meist nur implizit vorhandenen Erwartung wird der Begriff "besser" vorsorglich nicht näher spezifiziert.
Folgt man als Implementator dieser Erwartung, so liegt es nahe bei der Entwicklung eines portablen Systems die Unabhängigkeit von der Hardware-Plattform als ein wesentliches Design-Ziel - wenn nicht gar als das vorrangige Ziel in die Anforderungen aufzunehmen. Die Unabhängigkeit von der verwendeten Hardware-Plattform hat jedoch dort ihre Grenzen, wo spezielle Hardware-Eigenschaften genutzt werden sollen und wenn es nur ein bestimmter Prozessor mit einem bestimmten Befehlssatz ist, um das Programm zum Ablauf zu bringen.

Wie auch an anderen Stellen des Software-Engineering verstellt auch hier die PC-Welt mit ihren de-facto Standards BIOS und MS-DOS den Blick auf die eigentlichen Probleme und ihre Lösungen. Natürlich läuft ein vor zehn Jahren für einen PC-XT erzeugtes .EXE-File auch heute auf einem Pentium unter der aktuellsten MS-DOS-Version und dies ist im Regelfall unabhängig davon, unter welcher Marke dieser Rechner vermarktet wird. Diese "hochportablen" Programme steigern so die Erwartung von Portabilität beim Nutzer. Dabei wird übersehen, daß hier die zugrunde liegende Prozessorlinie auf Kompatibilität hin entwickelt wurde und daß eventuelle Unterschiede über das dazwischenliegende Basic I/O-System (BIOS) abgefangen werden. Installiert man auf derselben Prozessorfamilie ein echtes Multi-Tasking-Betriebssystem oder nutzt womöglich noch "spezielle" Peripherie, so wird es schon schwieriger portabel zu bleiben [1]. In der Literatur, z.B. bei Hommel (zitiert nach [2]) findet man für die Portabilität PI die folgende Formel:

$$PI = AI / (AI + AP + AA),$$

wobei AI der Implementierungs-, AP der Portierungs- und AA = Adaptions-Aufwand ist, der in unserem Modell gleich 0 sein soll. Nissen & Wallis [3] gehen von einem ganz ähnlichen Ansatz aus und definieren

$$PI = 1 - AP / AI$$

mit derselben Bedeutung wie oben.

Portabilität ist demnach ein Maß für den Aufwand, der erforderlich ist, um ein System von einer Plattform auf eine andere zu portieren im Verhältnis zu Erstellungesaufwand des portierten Systems. Damit ist ein System genau dann (gerade noch) portabel, wenn der Aufwand zur Übertragung von einer HW-Plattform zu einer anderen geringer ist, als der Aufwand zur Neu-Implementierung.

Intuitiv ist ein System um so portabler, je geringer dieser Aufwand ist. Die Erfüllung des oben erwähnte Design-Ziel der Portabilität Führt also zur Reduktion des Portierungsaufwandes. Oder umgekehrt ausgedrückt, der Aufwand für die Portierung zeigt, wie gut dieses Ziel erreicht wurde. Da Vorgaben, oft nur dann beachtet und eingehalten werden, wenn eine Kontrolle dahintersteht, müßten alle Systeme die eine solche Anforderung erfüllen sollen unmittelbar nach ihrer Implementierung portiert werden, ob prüfen zu können, ob die vorgegebenen Ziele erreicht wurden. Dieses zugegebenermaßen überspitzte Beispiel macht hoffentlich deutlich, daß Portabilität kein Selbstzweck sein kann, obgleich es gelegentlich so erscheint.

Das eingangs dargestellte Szenario mit dem langlebigen praktisch unveränderten technischen Prozeß, der zu steuern ist, beschreibt allerdings nur die eine Seite der Medaille. Auf der anderen Seite steht der Nutzer oder Bediener des Systems, der im Laufe der Zeit seine Erwartungshaltung geändert hat und heute eine graphische Oberfläche mit etlichen Fenstern erwartet, wo er früher kryptische Meldungen auf einem Fernschreiber und ebenso unverständliche Kommandos (zwangsläufig) akzeptierte. Das heißt, daß doch die Funktionalität des Systems geändert werden soll, was aber den Rahmen einer reinen Portierung sprengt und als Adaption an geänderte Anforderungen bezeichnet werden sollte. Im folgenden wird davon ausgegangen, daß im Rahmen der betrachteten Portierung keine funktionalen Änderungen des Systems durchgeführt werden.

Ein eigentlich einfacher Schritt die späteren Portierungsaufwände bereits bei der Erst-Implementierung zu reduzieren und damit ein portables System zu erstellen besteht darin, die Hardware-Abhängigkeiten, die nicht zu vermeiden sind zu zusammenzufassen und sichtbar zu machen, wie dies in PEARL [4] mit dem Systemteil bereits in den siebziger Jahren getan wurde. Mit diesem Ansatz sollte eine PEARL-Applikation ohne Änderungen in den Problemteilen und damit "problem(teil)los" von einem PEARL-System auf ein anderes

portiert werden können. In der Praxis traten jedoch die Probleme dadurch auf, daß die implementierten Sprachumfänge voneinander abwichen und daß in realen Applikationen häufig systemspezifische Elemente benutzt wurden, die in PEARL lange Zeit fehlten. In Ada [5] wurde zwar die Implementierung unterschiedlicher Sprachumfänge durch ein rigoroses Validierungsverfahren unterbunden [6], trotzdem gibt es umfangreiche Literatur über nicht portable Elemente von Ada. Für Einzelheiten über portable Programmierung in Ada sei auf den Ada-Leitfaden [7] verwiesen.
Um nun portable Systeme zu erzeugen gibt es zwei prinzipiell unterschiedliche Ansätze, einen theoretischen, den ich als à priori Portabilität bezeichnen möchte. Hier wird davon ausgegangen, daß von Anfang an alle möglicherweise in Frage kommenden Zielplattformen bekannt sind und bei der Implementierung nur die überall verfügbaren Eigenschaften genutzt werden. Die praktische, à posteriori Portabilität muß davon ausgehen, daß ein existierendes, im Einsatz befindliches System auf eine neue (!) Plattform übertragen werden muß, weil die bisher verwendete nicht mehr wartbar ist. Oft ist die eine Aufgabe für die experimentelle Datenverarbeitung.

Echt-Zeit Anforderungen

Während bisher die Portabilität beliebiger Systeme behandelt wurde, sollen nun die speziellen Anforderungen von Echtzeitsystemen untersucht werden. Hier sind zunächst die Anforderungen zu nennen, die von den "Echtzeit-Programmiersprachen" unterstützt werden. im einzelnen sind dies Datentypen für Zeitdauern und Zeitpunkte, sowie zeitabhängige Operationen wie Delay oder Einplanungen. Eine weitere Forderung ist die Beschreibung (quasi-) paralleler Abläufe, das heißt Tasking, wie es z.B. in PEARL [4] oder in Ada[5] in der jeweiligen Sprache vorgesehen ist. Hier sollen nur ganz kurz die Schwerpunkte dieser beiden Sprachen dargestellt werden. eine ausführlichere Gegenüberstellung findet sich in [8], wobei für die Neuerungen in Ada95 auf [9] oder für Echtzeit-Programmierung auf [10] verwiesen wird. Zu den quasi-parallelen Abläufen gehören selbstverständlich auch Mechanismen zur Kommunikation und zur Synchronisation zwischen diesen Prozessen. Ein Punkt, der bei PEARL deutlich stärker ausgeprägt ist als bei Ada, ist die Ein-/Ausgabe über spezielle Geräte.
Falls nun ein Echzeit-System in einer Programmier-Sprache realisiert wird, die keine Echtzeit-Elemente anbietet, so können stattdessen entsprechende Betriebssystem-Funktionen aufgerufen werden, die im Regelfall systemabhängig sind und den Portierungsaufwand beim Übergang auf ein anderes System wesentlich erhöhen. Aus dieser Situation läßt sich sofort eine notwendige Voraussetzung für die Erstellung portabler Echtzeitsysteme ableiten, nämlich die Verwendung einer geeigneten, standardisierten Echtzeitsprache. Die Einhaltung dieser Anforderungen ist jedoch noch nicht ausreichend für die Erstellung portabler Echtzeitsysteme. Es gibt nämlich eine Reihe von weiteren Forderungen, die bisher auch von den Echtzeitsprachen nicht abgedeckt werden. Zunächst sei das deterministische verhalten genannt, das in Ada95 [9] zumindest für Echtzeit-Applikationen explizit gefordert wird. Wesentlich schwieriger sind jedoch Zeitforderungen zu formulieren und entsprechend umzusetzen. Dies soll an folgendem Beispiel dargestellt werden.
Ein Luftraum-Überwachungssystem werde vom Nutzer so spezifiziert, daß es in der Lage sein muß, innerhalb einer Antennenumdrehung von 3 Sekunden eine bestimmte Maximalzahl von Flugzeugen zu erkennen, ihre Spuren zu berechnen und diese Objekte mit ihren Spuren darzustellen, unabhängig davon, wie diese Flugzeuge im Luftraum verteilt sind. Aus solchen

globalen Anforderungen an das System-Verhalten werden im Laufe der Entwicklung des Systems Forderungen abgeleitet, wie zum Beispiel nach der maximalen Reaktionszeit auf externe Signale, die Einhaltung von einer bestimmten Interrupt-Latenzzeit und/oder einer bestimmten Kontext-Switch-Zeit, sowie bestimmter maximaler Ausführungszeiten für kritische Systemdienste um nur einige zu nennen. Diese Anforderungen sind jedoch günstigstenfalls in einem Spezifikations-Dokument zu finden, sie sind im allgemeinen nicht Bestandteil des Quellprogramms und falls doch so nur als Kommentar, da es bisher keine Sprache gibt, die die Formulierung von Zeitbedingungen zuläßt. Auch wenn mit dem Deadline Scheduling in PEARL [11] ein erster Ansatz zur Formulierung von Zeitbedingungen gemacht wurde, so ist dieser Ansatz bis heute nicht Bestandteil der Sprache und vermutlich reicht er auch nicht aus, um die für eine problemlose Portierung notwendigen Zeitbedingungen zu formulieren. Bei vielen Portierungen scheint das hier geschilderte Problem eher eine künstliche Fragestellung zu sein, da die neue Zielhardware meist um ein vielfaches schneller ist, als die zuvor verwendete. Damit liegt implizit der Schluß nahe, daß mit einer neuen Prozessorgeneration quasi automatisch auch die Zeitbedingungen wieder erfüllt werden können. Zur Ernüchterung sollen hier zwei Beispiele genannt werden.
Falls bei der Portierung des in einer Echtzeitsprache implementierten Systems auch das Betriebssystem gewechselt wird, weil heute kaum noch Software für die proprietären Echtzeit-Kerne entwickelt wird, sondern stattdessen auf Standards wie UNIX und POSIX gesetzt wird, so muß damit gerechnet werden, daß beispielsweise die Interrupt-Latenz-Zeit in einem UNIX-System trotz viel schnellerem Prozessor eher größer ist, als im Echtzeit-Kern auf dem ursprünglichen Prozessor.
Ein anderes Beispiel zeigt die bereits oben erwähnte Tabelle 1. In Spalte 3 und 4 werden die Ausführungszeiten verschiedener Systemdienste auf einem modernen PC und einer RISC-Hardware unter demselben Betriebssystem verglichen. Während der RISC-Rechner bei fast allen Funktionen dem PC deutlich überlegen ist, braucht der PC für einen Aufruf der Speicherverwaltung nur etwa ein Zehntel der Ausführungszeit des RISC-Prozessors. Das heißt die Leistungsfähigkeit der beiden Rechner kann nur verglichen werden, wenn bekannt ist, wie oft welche Funktion in dem betrachteten System benötigt wird. Umgekehrt ist es dadurch möglich, aus diesen Meßwerten einen Benchmark-Test zu konstruieren, der jedes gewünschte Ergebnis beim Vergleich der beiden Rechner liefert.

Die Anforderung an die Portierung eines Echtzeit-Systems

Trotz einer Vielzahl solch versteckter Anforderungen läßt sich die grundlegende Anforderung an die Portierung eines Echtzeitsystems aus Nutzersicht ganz einfach formulieren: *"Das portierte System muß dieselben Zeitbedingungen erfüllen, wie das ursprüngliche System."* Um dieses einfach formulierte Ziel zu erreichen, müssen die Anforderungen genauer untersucht werden. In dem hier zugrundeliegenden Szenario soll das zu portierende Programm bereits existieren, aus der Dokumentation und den Programm-Quellen sind zunächst die - hoffentlich derzeit erfüllten - Anforderungen zu extrahieren. Für die - in der Quelle - sichtbaren Anforderungen in Form von Echtzeitanweisungen ist dies relativ einfach. Es kann sogar davon ausgegangen werden, daß diese auch im Zielsystem von der dort verfügbaren Implementierungssprache in semantisch gleicher Weise unterstützt werden. Ein wesentlich größeres Problem stellen die versteckten oder unbekannten, genauer gesagt, die in Vergessenheit geratenen Anforderungen dar.

Erhöhung der Portabilität von Echtzeitsystemen

Hier soll kurz auf drei unterschiedliche Wege eingegangen werden, wie die Portabilität erhöht werden kann. Überraschenderweise findet man die meisten Veröffentlichungen zur Erhöhung der Portabilität von Ada-Programmen. Daraus den Schluß zu ziehen, daß die Programmierung in Ada ohne Beachtung dieser Richtlinien am wenigsten portabel sei, ist jedoch falsch.

Portabililty Guide
Bereits 1984 veröffentlichten Nissen & Wallis ihren Portability and Style Guide [3]. Hier finden sich eine ganze Reihe von Ratschlägen, die dazu beitragen können, die Aufwände bei der Portierung zu reduzieren. Im wesentlichen lassen sie sich unter der Überschrift "*Abhängigkeiten kapseln*" zusammenfassen. Ebenso klar und deutlich steht dort im Kapitel 13 eine realistische Einschätzung der Situation: ".. *wir können nicht erwarten, daß ein Programm identisches Zeitverhalten auf zwei unterschiedlichen Maschinen besitzt.*" Etwas weltfremd und für die praktische Portierung wenig hilfreich ist hingegen das idealistische Modell im Kapitel 9, das unterstellt: *"Eine ideale Implementierung bietet für jede Task einen unendlich schnellen Prozessor."* Besonders bedenklich aber ist die Empfehlung, die an verschiedenen Stellen davor warnt, Annahmen über das Verhalten der Zielplattform zu machen. Natürlich ist es besser, sich Gewißheit zu verschaffen, als nur Annahmen zu machen. Diese Annahmen oder genauer diese Anforderungen, dürfen nicht verdrängt und nur implizit gemacht werden, sondern sie müssen offengelegt, dokumentiert und nachprüfbar gemacht werden. Alle versteckten Anforderungen erhöhen den Portierungsaufwand. Insgesamt stellen die in [3] gebotenen Regeln eine gute Hilfe dar, um nicht unnötige Portabilitätshemmnisse einzubauen. Sie sind in ähnlicher Weise sicher in anderen Sprachen eher notwendiger und sie würden in höherem Umfang beachtet werden, wenn eine Möglichkeit bestünde, ihre Einhaltung automatisch zu überprüfen.

Ada-Leitfaden
Ein zweiter Ansatz wurde von der CCI GmbH im Auftrag des BMVg durchgeführt, wo ein Leitfaden für die Programmierung in Ada [7] erstellt wurde, der ebenfalls eine Reihe von Regeln zu Erhöhung der Portabilität enthält. Bezüglich der hier aufgestellten Regeln gilt im Prinzip dasselbe wie bereits zu [3] ausgeführt wurde.. Im Leitfaden zwar ebenfalls empfohlen, keine Annahmen zu treffen, statt Wert darauf zu legen, solche Annahmen explizit zu formulieren und sichtbar zu machen. In Erweiterung zu [3] wurde in diesem Rahmen ein Werkzeug entwickelt, das Ada-Programme auf die Einhaltung dieser Regeln untersucht. Falls Verstöße entdeckt werden, so werden ausführliche Reports generiert. Das Ergebnis besteht in einem peniblen Nachweis aller potentiellen Portierungshemmnisse und vermittelt keine Information über den tatsächlich drohenden Portierungsaufwand.
Ein anderer Punkt, der bei der Einhaltung von Portabilitätsregeln eine Rolle spielt, ist die Kapselung der Abhängigkeiten. So sinnvoll die Strukturierung und die Kapselung sind, so muß doch bedacht werden, daß die dazu implementierten Instanzen zusätzliche Laufzeit benötigen. Da jedoch die geforderte Funktionalität eines Systems meist durch die verfügbare Verarbeitungsleistung beschränkt wird, müßte hier zugunsten der Portabilität unter Umständen auf Funktionalität verzichtet werden, was in der Praxis sehr selten sein dürfte..

EXTRA
Ein dritter Ansatz zur Erhöhung der Portabilität von Echtzeitsystemen ist die Entwicklung eines Portable Extended Executive, die z.B. in [12] dargestellt wird. Im Rahmen des EXTRA-Projekts wurde ein *Portable Extended Executive* für harte Echtzeit-Systeme definiert. Über die Real-Time Rapporteur Group der ISO/IEC JTC1 SC22 WG9 wurden diese Arbeiten bei der ISO zur Standardisierung vorgestellt. Es handelt sich hierbei, wie der Name schon sagt um die Schnittstellen-Spezifikation eines Echtzeit-Betriebssystem, das die einfache Übertragung von Applikationen zwischen allen Plattformen erlauben soll, die dieses Interface unterstützen. Hier sind zwei Vorbehalte zu machen. Erstens beruht diese Definition auf Ada83 [5] und nutzt die Erweiterungen, die für die Echtzeit-Programmierung in Ada95 [9] eingebracht wurden nicht. Zweitens enthält die Schnittstellen-Spezifikation keinerlei Aussagen über das Zeit-Verhalten der angebotenen Funktionen, so daß über das Zeitverhalten der Applikation vor und nach der Portierung keine zuverlässigen Abschätzungen vor der Portierung möglich sind. Denselben Mangel, nämlich keine Angaben über das Zeitverhalten, enthalten die inzwischen weitverbreiteten IEEE POSIX-Realzeit-Erweiterungen [13]. Eine ausführliche Diskussion der POSIX-Funktionalität findet sich in [14]. Bei den POSIX-Echtzeit-Erweiterungen kommt noch erschwerend hinzu, daß es eine standardisierte Ausrede gibt. Hier ist im Standard vorgesehen, eine standardisierte Fehlerrückmeldung zu liefern, falls die eine oder andere Funktion (noch) nicht implementiert ist. Damit ist für den Anbieter die Trivial-Implementierung möglich, daß alle Funktionen in ihrem Rumpf lediglich die Zuweisung dieses Fehler-Codes enthalten. Sollten mehrere Systeme so implementiert sein, so verhält sich eine Applikation zwar auf diesen Systemen gleich, aber vermutlich trotzdem nicht in der gewünschten Weise.

Folgerungen und Ausblick

Aus den bisherigen Darstellungen kann nur gefolgert werden, daß die Portierung von Echtzeitsystemen bereits im Vorfeld kritisch betrachtet und detailliert untersucht werden muß. Im wesentlichen geht es um zwei Fragen, *Wie aufwendig ist die Portierung?* und *Werden die Zeitbedingungen auf nach der Portierung noch eingehalten?*
Ist das System vollständig in einer höheren echtzeitfähigen Programmiersprache implementiert, und wird diese Sprache auch auf der neuen Plattform unterstützt, so läßt sich die erste Frage wahrscheinlich einfach beantworten.
Um jedoch die zweite Frage beantworten zu können, müssen erst die im System *versteckten* Anforderungen offengelegt werden. Dann kann untersucht werden, wie sich die neue Plattform bezüglich dieser Anforderungen verhält. Für Echtzeitsysteme reicht es nicht aus, aus der höheren Verarbeitungsleistung der neuen Plattform, die in Dhrystones oder Whetstones gemessen wird, zu folgern, daß damit auch das erwartete Zeitverhalten des zu portierenden Systems erreicht wird.
Offen bleiben die beiden Fragen, *wie findet man die versteckten Anforderungen ?* und *Wie erfüllt man sie?* Ein erster Schritt kann darin bestehen, die Anforderungen bereits bei der Erstimplementierung in geeigneter (standardisierter) Form im Quellprogramm festzuhalten. Dies wäre z. B. In PEARL in einer Erweiterung des Systemteils möglich. Um Schlüsse daraus zu ziehen wäre dann ein Werkzeug notwendig, das diese Anforderungen auswertet und daraus einen entsprechenden Benchmark-Test generiert, der dann vor der eigentlichen Portierung auf der neuen Ziel-Plattform zum Ablauf gebracht werden kann. So könnte bereits

im Vorfeld ermittelt werden, ob das neue System die Anforderungen der Applikation abdeckt, oder ob größere Änderungen erforderlich sind, um das erforderliche Zeitverhalten auch nach der Portierung zu erreichen.

Literatur

[1] Mangold, K.: Wiederverwendbare Ada-Software: Chancen und Probleme, in strässle Software-Systementwicklung GmbH (Hrsg). Ada in der zivilen und wehrtechnischen Anwendung, BAKWVT Mannheim, November 1988.

[2] Obermayer, P.E., et al.: Portability Effort Estimates for Real Time Applications Written in Ada Through Static Code Analysis, in Toussaint, M. (Ed.): Ada in Europe , Proceedings, Berlin 1994, Seite 483 - 488.

[3] Nissen, J., Wallis, P. (eds): Portability and Style in Ada, Cambridge, 1984.

[4] DIN 66 253 Teil 2: Full-PEARL, Berlin, 1980.

[5] Reference Manual for the Ada Programming Language, ANSI/MIL-STD-1815A, US Department of Defense, Washington D.C., January 1983.

[6] Ada Compiler Validation Procedures, Version 2.0, Ada Joint Program Office, Washington D.C., May 1989.

[7] Colienne, N., Kompalla, P.: Leitfaden für die Software-Erstellung in Ada, Version 3.1, CCI Meppen, 1993.

[8] Mangold, K.: Die "Echtzeitsprachen" PEARL und Ada - ein Vergleich. Sindelfingen 1990 S. 187 - 198, Conference Proceedings Echtzeit '90. 19.-21. Juni 1990 Sindelfingen.

[9] Ada Reference Manual, International Standard for Information Technology - Programming Languages - Programming Language Ada , Language and Standard Libraries, ANSI/ISO/IEC 8652, February 1995.

[10] Landwehr, R.: Ada9X: Verbesserungen für Echtzeitanwendungen, in Network GmbH (ed): Echtzeit'94, Hagenburg, Juni 1994.

[11] Halang, W.A., Henn, R: additional PEARL Language Structures for the Implementation of Reliable and Inherently Safe Real-Time Systems, in: Proceedings of the 15th IFAC/IFIP Workshop on Real Time Programming, Seite 35 - 42, Oxford, 1988.

[12] Pitette, G.M., et al: Ex2: Integrating Ada and Extra Support in a Doubly Portable Extended Executive Designed for Hard Real Time Systems , in Toussaint, M. (Ed.) Ada in Europe , Proceedings, Berlin 1994, Seite 406 - 420.

[13] Portable Operating System Interface for Computer Environments; ISO/IEC 9945 and IEEE Std 1003.1 insbesondere Teil b: Real-Time Extensions und c: Threads.

[14] Rzehak, H,: Portability of Software Systems for Real Time Applications, in Wolfinger, B. (Hrsg.): Innovationen bei Rechen- und Kommunikationssystemen, 24. GI-Jahrestagung, Heidelberg, 1994, Seite 340 - 347.

Rechnerunterstützte, objektorientierte Entwicklung von Automatisierungssystemen: Ein Erfahrungsbericht

Pablo Darscht
Institut für Automatisierungs- und Softwaretechnik (IAS)- Universität Stuttgart
Pfaffenwaldring 47 - D-70550 Stuttgart, Email: darscht@ias.uni-stuttgart.de

Zusammenfassung: *Es wird über die Anwendung einer für Echtzeitsysteme speziell konzipierten objektorientierten Entwicklungsmethode berichtet. Mit Hilfe einer Fallstudie aus der Automatisierungstechnik werden die wichtigsten Merkmale der eingesetzten Entwicklungsmethode dargestellt. Schwerpunkt dieses Berichts ist die Diskussion der gesammelten Erfahrungen hinsichtlich der Stärken und Schwächen der eingesetzten Methode für die Entwicklung von Echtzeitsystemen, sowie die Darstellung der im Laufe des Einsatzes der Entwicklungsmethode entstandenen Verbesserungsvorschläge.*

1 Einleitung

Automatisierungssysteme gehören zur Familie der Echtzeitsysteme, da das zeitliche Verhalten der Datenverarbeitung Anforderungen nach Rechtzeitigkeit und Gleichzeitigkeit erfüllen muß [1]. In den immer komplexer werdenden Automatisierungssystemen steigt der Anteil der Software -und damit deren Anteil an den Entwicklungs- und Wartungskosten- stetig an.
Vor diesem Hintergrund benötigt heutzutage die Entwicklung dieser Art von Echtzeitsystemen, die früher mehr als Kunst denn als Ingenieurtätigkeit betrachtet wurde, den Einsatz aller Prinzipien und Methoden der Softwaretechnik um die Komplexität größerer Softwaresysteme zu beherschen.
Unter den in den letzten Jahren erschienen Entwicklungsmethoden für konventionelle Software sind objektorientierte Ansätze sehr erfolgreich gewesen. Aus diesem Grund gewinnt die Fragestellung an Interesse, ob das objektorientierte Paradigma, das sich für die Entwicklung konventioneller Anwendungen zu etablieren scheint, auch für Echtzeitanwendungen hilfreich werden kann.
Wesentliche Vorteile, die man sich vom konsequenten Einsatz objektorientierter Konzepte in allen Phasen der Systementwicklung verspricht, sind:

- Die fachspezifische Terminologie und Konzepte des Anwendungsbereichs spiegeln sich in der Software wieder. Dadurch verbessert sich die Verständlichkeit sowohl für Softwarefachleute (Folge: änderungs- und wartungsfreundliche Produkte) als auch für Endbenutzer (sehr wichtig bei der Anforderungsanalyse).
- Die Verbesserung der Modularität. Der systematische Einsatz des Geheimnisprinzips [2] führt zu modularen Systemen (bessere, stabilere Softwarearchitekturen).
- Größere Chancen für die Wiederverwendung.

Das Zusammenwirken dieser Vorteile soll zu kürzeren Entwicklungszeiten, besseren Qualitätseigenschaften und geringerem Wartungs- und Erweiterungsaufwand führen.
Die Anwendbarkeit objektorientierter Konzepte bei der Entwicklung von Echtzeitsystemen

wird am Institut für Automatisierungs- und Softwaretechnik der Universität Stuttgart seit mehreren Jahren untersucht. Eine der wichtigsten gewonnenen Erkenntnisse ist, daß nur durch den systematischen Einsatz objektorientierter Konzepte während des ganzen Entwicklungsprozesses „saubere" objektorientierte Architekturen entstehen können. Das heißt, daß allein der Einsatz einer objektorientierten Programmiersprache nicht ausreicht, um Anwendungen zu erhalten, die aus softwaretechnischer Sicht als objektorientiert bezeichnet werden können.

Diese Erkenntnis bestätigend, sind in den letzten Jahren sehr viele durchgängige Methoden für die objektorientierte Softwareentwicklung veröffentlicht worden. Beispiele dazu sind die Methode nach Shlaer und Mellor [3] [4], OMT [5], die Booch-Methode [6], Fusion [7], OOSA nach Jacobson [8], ROOM [9], und viele andere mehr. Ein vergleichender Überblick ist in [10] zu finden.

In diesem Aufsatz wird über Erfahrungen mit der Methode nach Shlaer und Mellor berichtet, die speziell für die Entwicklung von Echtzeitanwendungen konzipiert wurde und am IAS in zahlreichen Projekten eingesetzt wird. Im nächsten Abschnitt wird die zu automatisierende Anlage vorgestellt. Abschnitt 3 führt die Methode nach Shlaer und Mellor ein. Einige Arbeitsergebnisse, die bei der Fallstudie entstanden sind, werden gezeigt. In Kapitel 4 wird die Anwendung der Methode nach Shlaer und Mellor für die Entwicklung von Echtzeit-systemen kritisch bewertet, danach werden Alternativen zur Beseitigung der festgestellten Schwächen vorgeschlagen.

2 Die zu automatisierende Anlage: Modulares Produktionssystem

Die Fallstudie befaßt sich mit der Automatisierung eines Prototyps einer Fertigungsanlage. Das „Modulares ProduktionsSystem" (MPS) der Firma Festo Didaktik besteht aus einer Kombination verschiedener sog. Stationen:

- **Station Verteilen**

In der Verteilstation werden Werkstücke aus einem Magazin mit Hilfe eines Ausschiebezylinders vereinzelt. Durch einen Umsetzer wird das Werkstück der nächsten Station übergeben.

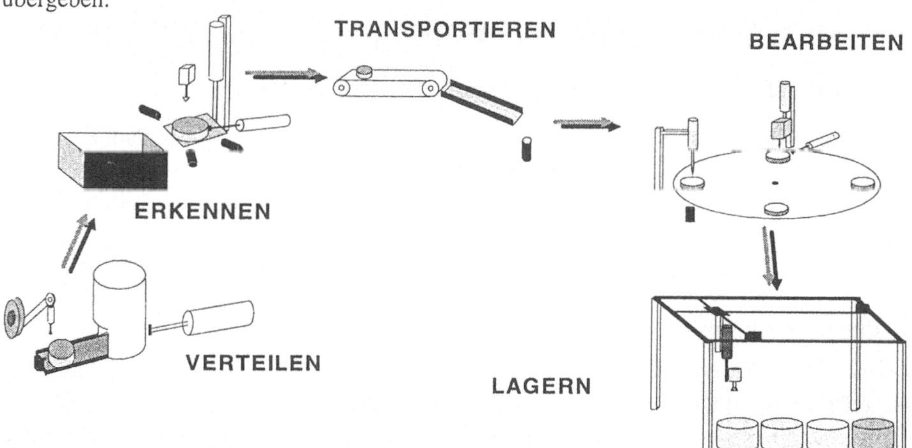

Abbildung 1: Modulares Produktionssystem

- **Station Erkennen**

In der Station Erkennen wird eine Materialerkennung mit Hilfe optischer, kapazitiver und induktiver Sensoren durchgeführt. Mit einem analogen Wegtaster werden die Werkstücke auf Maßhaltigkeit geprüft. Fehlerhafte Werkstücke werden ausgesondert, gute Werkstücke werden auf die Transportstation geschoben.

- **Station Transportieren**

Die Transportstation fördert die Werkstücke von der Erkennungsstation in die Bearbeitungsstation. Es besteht aus einem Fließband und einer Rutsche. Das Erreichen des Endes der Rutsche wird von einem optischen Sensor gemeldet.

- **Station Bearbeiten**

In der Station Bearbeiten werden an einem Bearbeitungsplatz die Werkstücke mit einer Bohrung versehen. Am nächsten Bearbeitungsplatz wird das Bohrloch überprüft und dann das Werkstück an einen Bearbeitungsplatz gebracht, von wo aus es der Station Lagern zugänglich ist. Der Transport der Werkstücke innerhalb der Station wird von einem elektrischen Rundschalttisch übernommen.

- **Station Lagern**

Mit der Station Lagern werden Teilfunktionen des Materialflusses wie Fördern und Lagern realisiert. Mit pneumatisch-elektrischen Wandlern, magnetischen und optischen Sensoren werden Anlagen-zustände kontrolliert und abgefragt. Die Achsen der Station Lagern werden mit Schrittmotoren angetrieben.

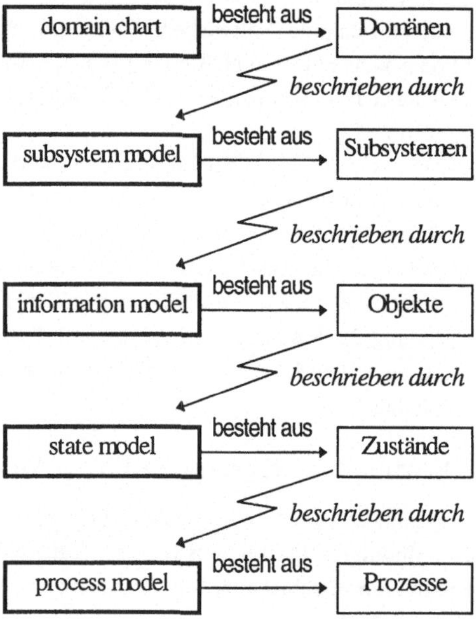

Abbildung 2: Die fünf Beschreibungsebenen der Methode nach Shlaer und Mellor

3 Automatisierung des modularen Produktionssystem

Bei der Entwicklungsmethode nach Shlaer und Mellor unterscheidet man fünf Beschreibungsebenen, die in Abbildung 2 dargestellt sind. Im Gegensatz zu den strukturierten Ansätzen, bei denen sich diese Ebenen nur hinsichtlich des Abstraktionsgrades, jedoch nicht in Bezug auf den Abstraktionsblickwinkel unterscheiden, hat jede Beschreibungsebene dieser Methode eine unterschiedliche Bedeutung und Aufgabe.

3.1 Domänen-Ebene

Domänen identifizieren die verschiedenen Aspekte des abzuwickelnden Projektes. Sie beschreiben einen *für sich abgeschlossenen Teil der Welt*, der unabhängig von den anderen Domänen existieren kann. Man unterscheidet die *Anwendungs-Domäne* (der Bereich, der den

Endbenutzer betrifft), *Service-Domänen* (Bereiche, die Grundfunktionalitäten zur Verfügung stellen, wie z.B. ein Fenstersystem oder ein Datenerfassungssystem), die *Architektur-Domäne* (wo man die Regeln für die Übersetzung der Analyse im Design festlegt) und *Implementierungs-Domänen* (bei denen die Besonderheiten des Zielsystems berücksichtigt werden, wie z.B. die Programmiersprache oder das Betriebssystem).

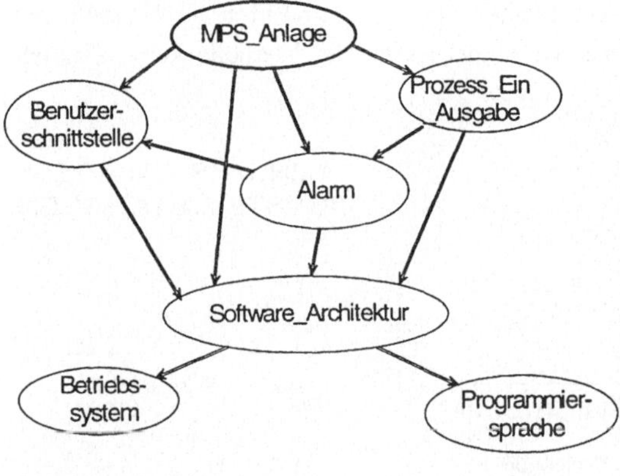

Abbildung 3: „Domain Chart"

In Abbildung 3 wird das „Domain Chart" für diese Anwendung dargestellt: *MPS-Anlage* ist die Anwendungs-Domäne, während *Benutzerschnittstelle, Alarm* und *Prozess_Ein_Ausgabe* Service-Domänen sind. Im folgenden wird ausschließlich die Anwendungs-Domäne behandelt.

Die Verbindung zwischen Domänen beschreibt man durch sog. Brücken, die eine „client-server" Beziehung darstellen: Der „client" erhält über die Brücke zur Verfügung stehende Funktionalität, die er jederzeit benutzen kann, während sie für den „server" eine Reihe von Anforderungen stellt, die er erfüllen muß.

Zunächst erfolgt eine objektorientierte Analyse der Anwendungs-Domäne. Hier werden die Anforderungen an die später zu analysierenden Service-Domänen festgelegt. Ist die Analysephase abgeschlossen, benutzt man die Vorschriften und Mechanismen der Architektur-Domäne, um das Ergebnis der Analyse in einen Entwurf zu übersetzten. Die Implementierung erfolgt in den Implementierungs-Domänen.

Bei der objektorientierten Analyse jeder Domäne kommen die anderen vier Beschreibungsebenen zum Einsatz.

3.2 Subsystem-Ebene

Subsysteme werden nur dann definiert, wenn die zu analysierende Domäne zu groß ist, um als Ganzes betrachtet zu werden. Subsysteme haben keine eigene Schnittstelle, sie stellen nur eine „sinnvoll abgegrenzte Einheit" dar.

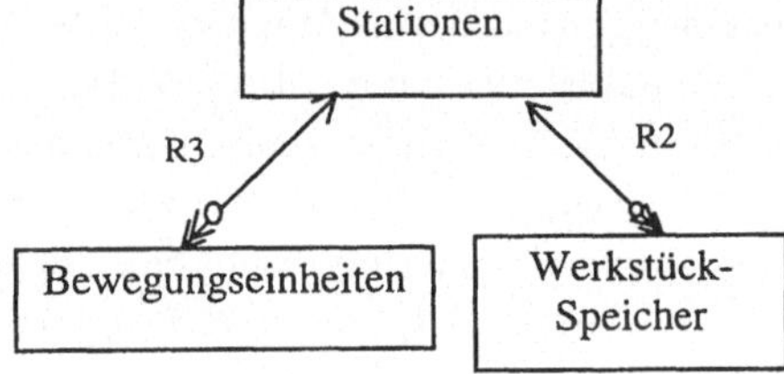

Abbildung 4: Aufteilung der Domäne „MPS-Anlage" in Subsysteme

Bei der Automatisierung der MPS-Anlage wurde die Anwendungs-Domäne in drei Subsysteme aufgeteilt, nach thematischen Gesichtspunkten gegliedert (siehe Abbildung 4).

3.3 Objekt-Ebene

Das Objekt bildet die Hauptabstraktion und ist die einzige Stelle (in dieser Methode), in der das Geheimnisprinzip konsequent eingesetzt wird. Auf dieser Ebene benutzt man *Informationsmodelle,* um die Objekte und ihre Attribute, sowie Beziehungen zwischen Objekten zu

spezifizieren. Es werden nur zwei Arten von Beziehungen graphisch unterschieden: allgemeine Beziehungen und die Vererbung.
In Abbildung 5 wird das Informationsmodell für das Subsystem 'Stationen' dargestellt. Im Mittelpunkt steht das Objekt *Station*, das die Gemeinsamkeiten aller Stationen darstellt. Mit der Beziehung R4 wird festgelegt, daß zwischen zwei Stationen höchstens eine Werkstückübergabe vereinbart werden kann. Die Reihenfolge der Stationen wird durch die Attribute von Instanzen des Objekts *WS_Übergabe* festgelegt. Leider bietet die Methode keine Darstel-

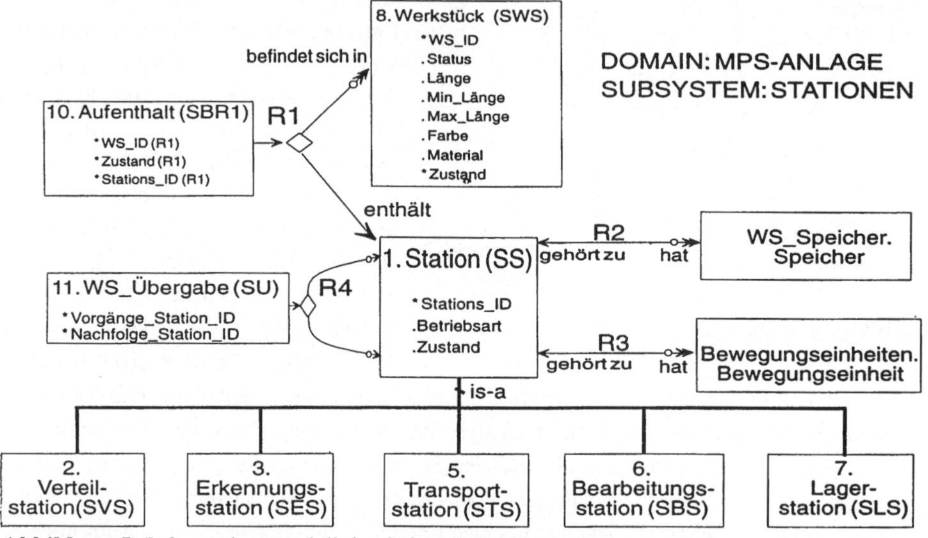

Abbildung 5: Informationsmodell des Subsystems 'Stationen'

lungsmöglichkeit, die die Spezifikation des Instanziierungsprozesses erlaubt.
Die Beziehung R1 besagt, daß jede Station mehrere (oder keine) Werkstücke haben kann, wobei aber jedes Werkstück nur zu einer Station gehört.
Die Beziehungen R2 und R3 geben an, daß Stationen aus *Werkstückspeichern und Bewegungseinheiten* aufgebaut sind. Beide Objekte gehören jeweils zum Subsystem *WS_Speicher* und *Bewegungseinheiten*, deren Informationsmodell hier nicht dargestellt wird.

3.4 Zustands-Ebene

Um das Verhalten eines Objekts zu beschreiben, setzt man Zustandsmodelle ein, in denen der Lebenszyklus des Objekts abgebildet wird. Ereignisse veranlassen den (zeitlosen) Übergang in einen neuen Zustand und stellen den Kommunikationsmechanismus zwischen Objekten dar. Die vom Objekt zu erledigende Datenverarbeitung ist vom Zustand des Objekts abhängig und wird durch ein sogenanntes *Prozeßmodell* in der nächsttieferen Ebene beschrieben.
Als Beispiel wird das Zustandsmodell für *Transportstation* diskutiert, die eine Spezialisierung des abstrakten Objektes *Station* ist (siehe Abbildung 5). Leider macht die Methode keine präzise Aussage über die Vererbung des Verhaltens, obwohl die Autoren dem Thema einige Seiten ihres Buches widmen.
In diesem Fallstudie wurde für *Station* ein Zustandsmodell erzeugt, das das allgemeine Verhalten aller Stationen grob beschreibt (hier nicht dargestellt). Für die Spezifikation des

Verhaltens einzelner Stationen wurde dieses Modell als Ausgangspunkt benutzt. Abbildung 6 zeigt das Zustandsmodell für die Transportstation.

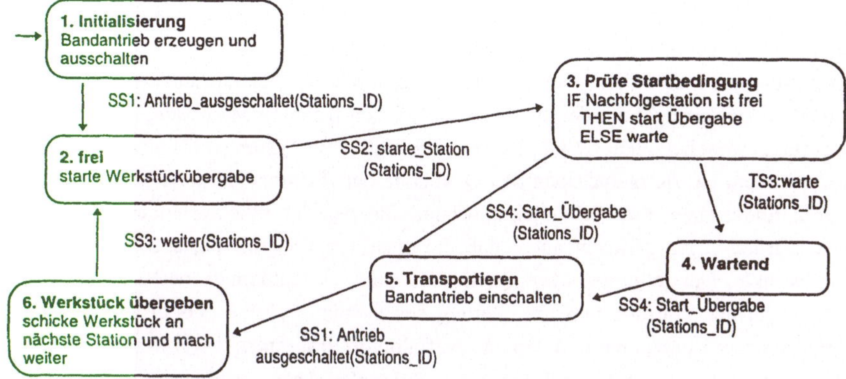

Abbildung 6: Verhalten einer Transportstation

3.5 Prozeß-Ebene

Auf dieser Ebene wird die Datenverarbeitung mit Hilfe modifizierter Datenflußdiagramme spezifiziert. Die von einem Objekt innerhalb eines bestimmten Zustands durchzuführenden Aktionen werden in elementare Prozesse zerlegt und dargestellt. Die in Abbildung 6 innerhalb Zustand 3 (*Prüfe Startbedingung*) informell beschriebene Verarbeitung wird in Abbildung 7 ausführlich spezifiziert.

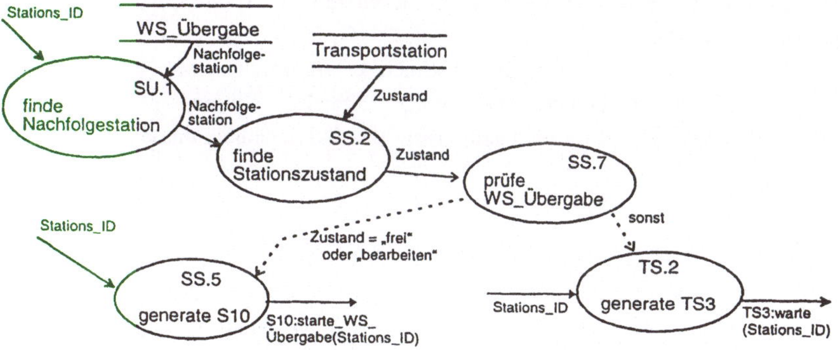

Abbildung 7: „Prozeßmodell" für Zustand *Prüfe_Startbedingung* vom Objekt *Transportstation*

4 Bewertung des Einsatzes der Methode nach Shlaer und Mellor für Automatisierungsaufgaben.

4.1 Vorgehensweise, Durchgängigkeit

Insgesamt stellt die vorgestellte objektorientierte Methode eine ingenieurgerechte, systematische Vorgehensweise für die Durchführung komplexer Entwicklungstätigkeiten dar.

Da Automatisierungsaufgaben immer komplexer und umfangreicher werden, ist diese Eigenschaft wesentlich. Allerdings gilt dieses Urteil auch für strukturierte Methoden, wie SA/RT [11], die als Vorgänger der Methode nach Shlaer und Mellor angesehen werden können, da zum Beispiel die eingesetzten Notationen sehr ähnlich sind.

Es hat sich in unseren Fallstudien jedoch gezeigt, daß durch die Objektorientierung eine sehr gute Durchgängigkeit erreicht wurde, im Gegensatz zu den früheren Methoden, bei denen ein Strukturumbruch zwischen den frühen Phasen des Entwicklungsprozesses und dem Feinentwurf festzustellen ist. Betrachtet man den Quellcode der Automatisierungssoftware für die MPS Anlage, findet man alle die Objekte wieder, die bei der objektorientierten Analyse beschrieben wurden. Dies bedeutet auch, daß die erstellten Diagramme, sofern sie aktuell sind, hochabstrakte Darstellungen des Quellcodes sind. Sie könnten deshalb eine sehr wichtige Rolle bei der Wartung und Erweiterung des Systems spielen. Vorausgesetzung ist, daß die Konsistenz zwischen Diagrammen und lauffähigem Programm gewährleistet ist.

Es fehlt auch ein Mittel zur Beschreibung der funktionaler Anforderungen an das Gesamtverhalten des Systems. Das Gesamtverhalten wird stattdessen nur durch die Kombination aller Objekt-Lebenszyklen spezifiziert. Diese Tatsache macht einerseits die Validation der Entwicklung durch den Auftraggeber sehr schwierig, andererseits erschwert sie dem Entwicklungsteam die Nachvollziehbarkeit des Entscheidungsprozesses.

Unterstützung bei der Abbildung funktionalen Anforderungen in *Objektverantwortlichkeiten* (im Sinne von Wirfs-Brook, [12]) ist auch nicht vorhanden. Auch die Angabe von logischen Eigenschaften (z.B. Klasseninvarianten oder logische Zusammenhänge zwischen Objekten) ist nicht möglich.

Es fehlt auch die Möglichkeit *Instanzdiagramme* zu definieren (In [3], sie sind zwar vorhanden, aber im später erschienenen „object lifecycles“ [4], das eine reifere, vollständige Beschreibung der Methode enthält, werden sie nicht mehr erwähnt). Diese Mängel, zusammen mit dem ungewöhnlichen Gebrauch des Worts „Objekt“ führen oft dazu, daß *Informationsmodelle* zwischen Instanzendiagrammen und Klassendiagrammen angesiedelt werden.

4.2 Notationen

Die Methode nach Shlaer und Mellor ist dadurch gekennzeichnet, daß sie sehr viele Diagrammtypen anbietet (neben den fünf bereits erwähnten Diagrammtypen gibt es *„object communication models“*, *„object access models“*, *„subsystem communication models“*, und *„subsystem access models“*). Die Anzahl von graphisch darstellbaren Konzepten in jedem Diagrammtyp ist sehr niedrig: Jedes von diesen „RISC“ Diagrammen bietet nur drei oder vier verschiedene Ausdruckselemente an. Im Gegensatz zu anderen objektorientierten Methoden wird jedes Element sorgfältig und präzise definiert. Unsere Erfahrung zeigt, daß diese Eigenschaften mehrere Auswirkungen haben:

- Die fertige objektorientierte Modelle, die die Entwicklungstätigkeiten dokumentieren, sind in der Regel übersichtlich und einfach zu verstehen (auch für nicht DV-Experten). Um die Methode einzusetzen muß der Entwickler jedoch die zahlreichen Abhängigkeiten zwischen den Diagrammen meistern. Deswegen ist die Methode für Neulinge dennoch nur sehr schwer anzuwenden.

- Manche Modelle, insbesondere das Informationsmodell, bieten für einige wichtige Abstraktionen (z.B.: „is-part-of" Beziehung) keine graphischen Ausdrucksmittel an.
- Mehrere Abhängigkeiten zwischen den Diagrammen machen den Einsatz der Methode ohne Rechnerunterstützung sehr schwer.

4.3 Echtzeit Anwendungen

Betrachtet man die Zweckmäßigkeit der Methode nach Shlaer und Mellor für die Entwicklung von Echtzeitanwendungen, läßt sich feststellen:

- Der Einsatz von Zustandsmaschinen zur Verhaltensbeschreibung ist bei reaktiven Systemen[1] sehr zweckmäßig. Es hat sich gezeigt, daß das Einbetten des gesammten Verhaltens eines Objekts in eine flache Zustandsmaschine oftmals nicht ausreicht. Um die dadurch entstehenden Schwierigkeiten zu schildern soll angenommen werden, daß ein Objekt einen bestimmten Dienst immer zur Verfügung stellt (unabhängig vom Zustand). Da bei dieser Methode ein Objekt nur auf ein Ereignis reagieren kann, muß die Anforderung des Dienstes durch ein Ereignis erfolgen. Soll der Dienst immer zur Verfügung stehen, muß man das Auftreten des anfordernden Ereignisses bei jedem einzelnen Zustand berücksichtigen.
- Die Formulierung von Zeitanforderungen wird nicht berücksichtigt. Sachverhalte wie „Ereignis E1 muß mindestens zwei, jedoch nicht länger als vier Sekunden nach dem Eintreffen vom Ereignis E2 ausgelöst werden" lassen sich nicht formal ausdrücken.
- In der Architektur-Domäne werden die „Übersetzungsregeln" festgeschrieben [4], die den Übergang von der Analyse zur Implementierung ermöglichen. Die Problemlösung auf der Ebene der Anwendung (die in Anwendungs- und Service-Domäne stattfindet) wird von der Festlegung softwaretechnischer Eigenschaften (die in der Architektur-Domäne erfolgen) deutlich unterschieden. Wenn Entwurfsoptimierungen notwendig werden, beispielsweise bedingt durch schwer einzuhaltende Zeitanforderungen, zeigt sich die geschilderte Trennung als eine effiziente Strategie, um die bei solchen Optimierungen unvermeidliche Beeinträchtigung der Softwarestruktur zu minimieren.

4.4 Förderung der Wiederverwendung

Die Vorgehensweise des „rekursiven Designs" [4] fördert die Verwendung (bzw. die Wiederverwendung) von vorgefertigten Komponenten. Zum Beispiel bietet die im Rahmen dieser Fallstudie entwickelte *Service-Domäne zur Kommunikation mit dem technischen Prozeß* (Prozess_Ein_Ausgabe in Abbildung 3) [13] allgemeine Dienste zur Ankopplung von Objekten der Anwendungs-Domäne, die Komponenten der zu automatisierenden Anlage Modellieren, an die Feldgeräte an. Diese Dienste sind von der speziellen Anwendung („MPS-Anlage") unabhängig und deswegen Wiederverwendbar.

---

[1] Hierbei handelt es sich um Systeme, die unter Berücksichtigung von bestimmten Zeitbedingungen auf Vorkommnisse in der „Außenwelt" reagieren müssen.

Die Entwicklung wiederverwendbarer Komponenten (d.h., Objekte, Subsysteme, Domäne) wird dennoch durch die Tatsache erschwert, daß Domänen und Subsysteme als Modularisierungskonzepte nicht ausgenutzt werden. Die Methode nach Shlaer und Mellor sieht keine Möglichkeit vor, explizit die Schnittstelle eines Subsystems oder einer Domäne zu spezifizieren.

5 Verbesserungsvorschläge

In diesem Abschnitt werden eine Reihe von Verbesserungsvorschlägen präsentiert, die die festgestellten Schwachstellen der Methode überwinden helfen sollen. Zwei Arten von Problemen wurden erkannt: a) Schwachstellen, die nur durch Ergänzungen der Methode mit zusätzlichen Techniken zu beheben sind, und b) Problembereiche, die durch eine adäquate Rechnerunterstützung zu bewältigen sind.

5.1 Ergänzende Techniken

Für die Formulierung funktionaler Anforderungen gibt es mittlerweile breiten Konsens darüber, daß die von Ivar Jacobson eingeführten „use-cases" sehr geeignet sind [8]. Sie umfassen eine Dimension des Entwicklungsprozesses, die von Shlaer und Mellor nicht berücksichtigt worden ist. Sie können aber der herkömmlichen objektorientierten Analyse 'vorgeschaltet' werden, was in einigen Methoden bereits berücksichtigt wird [6, 14].
Für die Spezifizierung von Domänen-Schnittstellen braucht man ein Beschreibungsmittel, mit dem sowohl Verpflichtungen (einer Server-Domäne) als auch Rechte (einer Client-Domäne) ausgedrückt werden können. Das Konzept '*Vertrag*' [12,15] paßt hier sehr gut: Eine Server-Domäne verpflichtet sich, unter genau spezifizierten Bedingungen, einen bestimmten Dienst zu leisten.
Für die Formulierung zeitlicher Anforderungen wurde am IAS ein sehr interessantes Konzept entwickelt, das bereits in Form einer Dissertation veröffentlich wurde [16].
Die Ergänzung der Zustandsmodelle um zusammengesetzte Zustände (von Harel „OR-decomposition" genannt [17]), sowie der Einsatz von Instanzdiagrammen sind zusätzliche Erweiterungen, die sich bereits als sinnvoll gezeigt haben.

5.2 Rechnerunterstützung

Der Umgang mit vielen voneinander abhängigen Diagrammen ist ohne Rechnerunterstützung nicht möglich. Dies gilt schon für kleinere bis mittlere Projekte, wie die vorgestellte Fallstudie gezeigt hat, die mit Hilfe eines am Markt führenden CASE-Werkzeugs durchgeführt wurde.
Besonders schwierig ist die Erhaltung der Konsistenz auf Zustands- und Prozeßebene, wie folgende Beispiele belegen:

- Das Nachsenden von Ereignissen wird auf Prozeßebene spezifiziert, während das Erwarten von Ereignissen im Zustandmodell (Beschriftung von Zustandsübergängen) zu beschreiben ist. Zu jedem Ereignis werden Parameter definiert, die Attribute des empfangenden Objekts sind.
- Im Prozeßmodell dürfen nur die in einem Informationsmodell spezifizierten Objekte als Datenspeicher (eng. „data store") erscheinen. Die Datenflüsse von oder zu einem Daten-

speicher sollen mit gültigen Attributnamen des entsprechenden Objekts, das durch den Datenspeicher „vertreten" ist, beschriftet werden.

Leider ist die von vielen CASE-Umgebungen gewährleistete Unterstützung hinsichtlich des „konsistenten Entwickelns" (i.e., Inkonsistenzvermeidung statt Inkonsistenzaufdeckung) enttäuschend. Es wurde bereits ein Konzept entwickelt, um einen theoretischen Rahmen für die Rechnerunterstützung des „konsistenten Entwickelns" anzubieten. Im Rahmen eines Kooperationsprojekts zwischen dem IAS und der Firma Mark V (USA) wird das erarbeitete Konzept mit Hilfe des „MetaCASE"-Werkzeugs „ObjectMaker" bei der Unterstützung der Methode nach Shlaer und Mellor eingesetzt.

6 Abschließende Bemerkungen

Eine durchgängige objektorientierte Vorgehensweise macht die Systementwicklung von Echtzeitanwendungen zu einem systematischen, rationellen und kontrollierbaren Prozeß. Sie bietet sehr gute Chancen für langfristige Produktivitäts- und Qualitätserhöhungen. Es ist jedoch nicht wahr, daß der Weg zur Objektorientierung einfach und problemlos ist. Er erfordert eine neue Denkweise, die dem Anfänger viele Schwierigkeiten bereitet.

Literatur

1. Rudolf Lauber, „*Prozeßautomatisierung, Band I,*" Springer-Verlag, Berlin (1989).
2. David Long Parnas, „*On the criteria to be used in decomposing systems into modules,*" Communications of the ACM 15 (December 1972) pp.1053-1058.
3. Sally Shlaer and Stephen J. Mellor, „*Object-oriented systems analysis: modelling the world in data,*" Prentice-Hall, Englewood Cliffs (1988).
4. Sally Shlaer and Stephen J. Mellor, „*Object lifecycles. modeling the world in states,*" Prentice Hall, Englewood Cliffs (1992).
5. James Rumbaugh et all, „*Object-Oriented Modelling and Design,*" Prentice-Hall, Englewood Cliffs, (1991).
6. Grady Booch, „*Object-Oriented Analysis and Design with Applications (second edition),*" Benjamin/Cummings, Redwood City (1994).
7. Derek Coleman et all, „*Object Oriented Development: the FUSION method,*" Prentice Hall, Englewood Cliffs (1994).
8. Ivar Jacobson, M. Christerson, Jonnsson and G. Övergaard,. „*Object-Oriented Software Engineering - A Use Case Driven Approach.,*" ACM Press, Addison Wesley, Reading (1992).
9. Brian Selic and G. Gullekson, „*Real-Time Object-Oriented Modeling,*" John Wiley&Sons, (1993).
10. W. Stein, „*Objektorientierte Analysemethoden: Vergleich, Bewertung und Auswahl,*" BI Wissenschaftsverlag, Angewandte Informatik, Bd. 12, Mannheim, Leipzig (1994).
11. Paul T. Ward and Stephen J. Mellor, „*Structured Development for Real-Time Systems (3 volumes),*" Prentice-Hall, New Jersey (1985).
12. Rebeccca Wirfs-Brock, Brian Wilkerson and Lauren Wiener, „*Object-Oriented Design: A Responsibility-Driven Approach,*" Prentice Hall, Englewood Cliffs (1990).
13. Pablo Darscht, Alceu Heinke Frigeri and Carlos E. Pereira, „*Building up object-oriented industrial automation systems: experiencies interfacing active objects with technical plants,*" to appear in First IEEE Workshop on Factory Communication Systems, Switzerland, (October 4-6 1995).
14. James Rumbaugh, „*Getting started: using use cases to capture requirements,*" Journal of Object-Oriented Programming 7(5) (September 1994) pp.8-12.
15. Bertrand Meyer, „*Object-oriented Software Construction,*" Prentice Hall, Hertfordshire, (1988).
16. Carlos Eduardo Pereira „*Verfahren zur Beschreibung und Überprüfung von Zeitbedingungen bei der objektorientierten Entwicklung von Automatisierungssystemen*", Deutsche Dissertation, Universität Stuttgart (1995).
17. David Harel, „*On Visual Formalisms,*" Communications of the ACM 31(5) (May 1988) pp.514-530.

Integrierte Prozeß- und Kommunikationsplanung im verteilten Realzeit-Betriebssystem MDX

Harald Schrimpf, Walter Ameling
Lehrstuhl für allgemeine Elektrotechnik und Datenverarbeitungssysteme
schr@rog.rwth-aachen.de

In verteilten Realzeit-Rechensystemen sind sowohl kontinuierliche Datenströme zwischen Sensoren, Regelprozessen und Aktoren als auch stoßartiges Datenaufkommen durch Unterbrechungsmeldungen und konventionelle Datenverarbeitung zeitrichtig zu übertragen und zu verarbeiten. Neue Ansätze, diesen diametralen Anforderungen gerecht zu werden, liefert die Übertragung von Bandbreiten-Reservierungsverfahren aus der Multimedia-Technik auf die Automatisierungstechnik. Das im folgenden vorgestellte Verfahren der Prioritätszeitreservierung steuert einheitlich Prozeßverarbeitung, Netzkommunikation und Ein/Ausgabevorgänge. Es kombiniert den Determinismus und die Zeitgarantie zeitgesteuerter Systeme mit der Dynamik, Effizienz und Reaktivität ereignisgesteuerter Systeme. Realisiert ist das Verfahren im transparent verteilten und POSIX-verträglichen Betriebssystem MDX.

1. Einleitung

Heutige Realzeitsysteme werden vor allem für zu steuernde technische Anlagen eingesetzt, die ein konstantes Verhaltensrepertoire aufweisen und als System geschlossen beschreibbar sind. Flexible Produktion, wechselnde Betriebsphasen, intelligente Steuerungen und unvorhersehbare Ereignisse in ausgedehnten Anwendungsfeldern stellen neue Steuerungsaufgaben dar, die es trotz nicht vollständig vor Inbetriebnahme spezifizierbarem Systemverhaltens durch moderne Realzeit-Betriebssysteme zu erschließen gilt. Dies erfordert einen Übergang von statischen Realzeit-Systemen mit festen Tasksets zu dynamischen Realzeit-Systemen mit variablem Taskset : der Übergang von der einfachen Anwendung auf einfachen Prozessorstrukturen (Simple Task / Simple Processor) hin zu zahlreichen, komplex interagierenden Anwendungen in arbiträr verteilten Rechenanlagen (Complex Task / Complex Processor) [Shen EA 94].

Im Realzeitbetrieb [DIN 44300] muß eine Prozeßrechenanlage innerhalb gegebener Zeitschranken auf Ereignisse einer Produktionsanlage reagieren und Ereignissen höchste Priorität beimessen. Andererseits müssen im Realzeitbetrieb [Kurki-Suonio 94] Anwendungsprogramme ein definiertes Zeitverhalten einhalten können, also höchste Prioritäten genießen und vor Unterbrechungen und Interferenzen anderer Tasks geschützt sein. Es besteht daher ein **Dilemma** zwischen der Forderung nach Reaktivität der Prozeßrechenanlage, also sofortige Unterbrechung und kürzest mögliche Antwortzeit, und der Forderung nach Simultanität, also ungestörte und die Produktionsvorgänge als synchrones Datenabbild führende Rechenvorgänge.

Für die Verarbeitung in Prozeßrechnern gibt es je nach Prämisse so auch zwei Verarbeitungsprinzipien. Bei **ereignisgetriebener Verarbeitung** (event triggered) führt das Betriebssystem Prozesse und Lokalkommunikation in Reihenfolge von Ereignissen und der Präzedenz-, Exklusions- und Kommunikationsbedingungen aus. Die Systeme arbeiten zumeist mit Unterbrechungen (Interrupt), reentrantem Code und Multithreading. Problematisch ist, daß lediglich dem höchstprioren Prozeß Bearbeitungszeiten gewährleistet werden können und daß es zu Kausalitätsverletzungen bei Reentranz und zu

Laufzeitkonflikten beim Multithreading kommen kann. Bei **zeitgesteuerter Verarbeitung** (time driven) führt das Betriebssystem Prozesse und Lokalkommunikation nach einem i.a. in feste Takte eingeteilten Zeitplan (zyklische Slot-Liste) aus.

Für die Kommunikation sind mehr Abstufungen zwischen Ereignis- und Zeitsteuerung verbreitet. Rein **asynchrone Protokolle** (z.B. CSMA/CD) garantieren keine Zeitschranken und sind für kontinuierliche Datenströme kaum geeignet. Rein **synchrone Protokolle** (z.B. TDMA) führen bei diskreten Datenstößen zu i.a. nicht akzeptablen Übertragungszeiten. Token-Protokolle (z.B. MAP) bieten einen Kompromiß, problematisch sind aber die i.a. nicht-bedarfsgerechte Gleichverteilung des Zugriffsrechts und die wegen des Token-Passing-Overheads mäßigen Zugriffszeiten. Prioritätsorientierte Zugriffsprotokolle (z.B. CAN-Bus), insbesondere wenn sie rechenzeit- oder terminorientierte - also rasch veränderliche - Prioritäten haben, lösen diese Probleme. Allerdings verlangen sie einen großen Zeitaufwand für Elektionsprotokolle (z.B. Forcing-Header-Prinzip) und nur für den top-prioren Prozeß kann Zugriffszeit garantiert werden. Protokolle mit Reservierung (z.B. CPODA, FDDI-II, ATM), die den Verwaltungsaufwand in Randzeiten drücken, bieten eine graduell veränderbare Kombination kurzer Übermittlungszeit für asynchrone Datenstöße und interferenzfreier, garantierter Übertragung für synchrone Datenströme.

Realzeit-Protokolle mit Reservierung, wie ST-II, SRP und RTC [Chou, Tokuda 93], führen Reservierungen i.a. auf Ebene der Kommunikationssteuerungsschicht (OSI-Layer 5) aus. Reserviert werden Übertragungskanäle, Datenrate und die zulässigen Verlustraten und Verzögerungen, sowie die dazu benötigten Betriebsmittel in den Vermittlungsstellen und Endgeräten. Reservierungsprotokolle wie RSVP [Zhang EA 93] und ST-II [RFC1190] werden vor allem für Hub-Netzwerke entwickelt, sind aber auch bei geeigneten Zugriffsprotokollen und Betriebssystemen durchaus für Bus-Netzwerke geeignet. Eine wichtige Implementierung des ST-II Protokolls basiert auf ATM [Hagsand 94], wobei die Flußspezifikationen von ST-II direkt auf die Hop-Spezifikationen im ATM abgebildet werden..

Auf Betriebssystemebene können für die Übertragung kontinuierlicher Datenströme zwei Prinzipien unterschieden werden. Bei der **ratenbasierten Übermittlung** kontinuierlicher Datenströme [Northcutt 92, Wolfinger 92] überträgt der Sender Datenrahmen als Sequenzen einzelner Datenpakete in einer vereinbarten Frequenz, die durch einen Software-Phase-Locked-Loop zwischen Quelle und Senke in Rückkopplung gehalten wird. Transientes Voraus- oder Nacheilen der Netzkommunikation wird durch Pufferung kompensiert. Die Interferenz anderer Stationen bei gemeinsamen Medien wird durch reservierte Übertragungsraten, starke Fragmentierung, Forward-Error-Correction und Medienskalierung gelöst. Bei der **zeitbasierten Übermittlung** kontinuierlicher Datenströme, überträgt der Sender zu definierten (i.a. periodischen) Zeitpunkten seine Daten als Datenstoß. Kollisionen mehrerer Stationen auf gemeinsamen Medien werden durch Reservierung überschneidungsfreier Übertragungszeitintervalle verhindert.

Im Gegensatz zur zeitbasierten Übermittlung erfordert die ratenbasierte keine Zeitsynchronisation und eignet sich daher gut zur Übertragung von Telekommunikationsdaten über Anlagengrenzen hinweg in öffentlichen Netzen. In der Prozeßleittechnik, bei der Realzeitdaten i.a. innerhalb einer Anlage ausgetauscht werden, ist dies nur dann vorteilhaft, wenn Zeitsynchronisation nicht aus Anwendungsgründen ohnehin verlangt wird und nicht aufgrund synchroner Netzwerktechnik bereitsteht. Die ratenbasierte Übermittlung kann stoßartigen Datenverkehr innerhalb der vereinbarten Datenraten nur schlecht abarbeiten. Sie läßt mehr Freiheitsgrade für das Betriebssystem, aber die Puffer zur Kompensation der mit einer gewissen Streuung eintreffenden Datenpakete führen zu größeren Latenzen, als dies bei der zeitbasierten der Fall ist. Ferner müssen bei den ratenbasierten Verfahren [Northcutt 92] nun die gleichen Übertragungsgarantien, die für Datenfluß aufgeweicht werden konnten, für den Kontrollfluß gehalten werden, denn die logisch getrennten Kontrollkanäle für Gangkorrektur der Systemuhren und für Regelwerte müssen physikalisch i.a. doch wieder über die gleichen Medien (In-band-Signaling) übertragen werden. Zusammenfassend ist daher festzustellen, daß sowohl die ratenbasierten als auch die zeitbasierten Verfahren Elemente haben, die für die Aufgaben verteilter Prozeßrechenanlagen eingesetzt und kombiniert werden können.

2. Verteiltes Betriebssystem MDX

Das an der RWTH Aachen entwickelte Betriebssystem MDX (Modular Distributed Computing System) integriert die Rechner eines lokalen Netzes zu einem virtuellen UNIX-Einrechner. Es ist portabel gestaltet und wird gegenwärtig auf Personal-Computern mit Intel-Prozessoren (32Bit Protected Mode) in einem Ethernet-Netzwerk betrieben. Innerhalb des Systems ist keinerlei sichtbare Kommunikation erforderlich, alle UNIX-Kommandos (GNU-Tools), alle Funktionen der C-Programmbibliothek arbeiten netztransparent. Zur Kommunikation mit Fremdsystemen steht ein TCP/IP-Gateway zur Verfügung. Das System trägt eine eigene GNU-Entwicklungsumgebung.

Im MDX-Verbundsystem verfügt jede Station als Mindestausstattung über einen Mikrokern, der das lokale Multitasking und den lokalen und netzweiten Botschaftsaustausch leistet. Auf dieser Infrastruktur der Mikrokerne erstreckt sich ein netztransparenter Prozeßraum kommunizierender Klienten- und Serverprozesse. Die Prozesse adressieren sich direkt anhand netzweit eindeutiger Prozeßidentifikationen, sie synchronisieren sich dabei nach dem Rendezvous-Prinzip und tauschen Auftrags- und Antwortbotschaften aus (vgl. VMTP-Protokoll). Neben dieser Klient/Server-Kommunikation werden auch Datagramme und Gruppenkommunikation (Multicast) unterstützt. Zum Multitasking wird ein präemptives Round-Robin-Scheduling mit Prioritäten und netzweiter Prioritätsvererbung durchgeführt. Teilt sich ein Prozeß Code und Daten mit Kindprozessen, entsteht ein Prozeßteam (Multithreading). Der Elternprozeß und die durch eigenen Laufzeitstapel und Prozeßkontrolldaten repräsentierten Kindprozesse verfügen dann über gemeinsame Betriebsmittel und arbeiten auf gemeinsamer Zeitscheibe nach Run-To-Completion-Scheduling.

Alle Systemdienste, z.B. die Prozeß-, Datei- und Terminaldienste, werden von Objektservern geleistet, die unmittelbar Hardware-Betriebsmittel wie Prozessoren, Hauptspeicher, Ein/Ausgabegeräte und Speichermedien kontrollieren. Den Klientenprozessen bieten sie ihre Dienste in Form von Operationen auf Systemobjekten an. Die Objektserver melden ihre Systemobjekte bei einem verteilten Objektnamendienst an, bei dem die Klientenprozesse vor Objektzugriffen die Prozeßidentifikation des verantwortlichen Objektservers erfragen. Dies wird für den Programmierer unmerklich durch die C-Bibliothek geleistet, prozeßinterne und rechnerlokale Caches beschleunigen die Suche. Der Sitzungs- und Prozeßkontext wird nicht im lokalen Kern, sondern im Prozeß gehalten. Klientenprozesse kommunizieren daher unmittelbar mit verteilten und untereinander unabhängigen Objektservern. Die Objektserver überprüfen die Zugriffsrechte der Klienten anhand eines jedem Auftrag angefügten verschlüsselten Identitätsfeldes und ihrer Zugriffskontrolliste. Da Objektserver sowohl beim Booten als auch zur Laufzeit gestartet und terminiert werden können, ist die Systemstruktur - dem Baukastenprinzip folgend - äußerst flexibel. Startende Objektserver beantragen bei kerninternen Servern zunächst die erforderlichen Adreßbereiche und Unterbrechungskanäle, sie testen dann die Konfiguration und Betriebsfähigkeit ihrer Hardware und entscheiden, ob sie terminieren müssen oder ihre Systemobjekte bereitstellen können.

In MDX können sowohl aktive Prozesse, offene Dateien als auch virtuelle Geräte von Station zu Station durch (autorisierte) Anwendungsprozesse migriert werden [Schrimpf 95]. Lastverteilalgorithmen können vom Anwender definiert werden und durch Dateikommandos ausgeführt und beobachtet werden. Lesbare Laststatistiken werden von den Objektservern als Pseudodateien präsentiert und können optional von einem verteilten Lastbalancierer automatisch interpretiert und in Migrationsbefehle umgesetzt werden. Die Abbildung 1 zeigt den dadurch entstehenden netzweiten Objektraum frei migrierender Prozesse, Dateien und virtueller Geräte, die sich nach Lastausgleichs- und Ausfallsicherungskriterien über die Stationen des Verbundsystems bewegen.

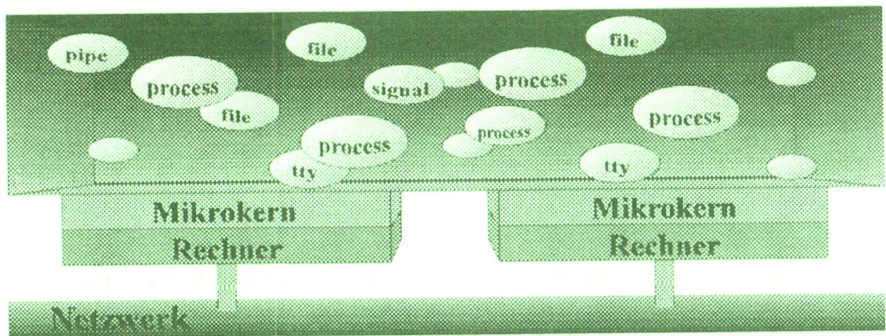

Abb. 1 : Netzweit mobile Prozesse, Dateien und Geräte im MDX-Verbundsystem

3. Prioritätszeit-Steuerung

Grundlage des MDX-Realzeit-Konzepts, das zur Familie der Complex-Reservation-Systeme gehört [Stankovic, Ramamritham 90], sind netzweit synchronlaufende **Software-Uhren**. Ein in Software realisierter Uhrenautomat und ein Ereigniskalender lösen das für Realzeit-Betriebssysteme klassische **Zeitgranularitätsproblem**, daß aufgrund des Aufwands hochfrequenter Unterbrechungs- bzw. Kernaktivierungsraten (kHz) die Zeitauflösung begrenzt ist (ms). Stattdessen wird der frequenzproportionale Aufwand auf 32 Hz reduziert und weitere Unterbrechungen werden mit hoher Auflösung (µs) auf signifikante Zeitpunkte reduziert. Der verbleibende, unverzichtbare Aufwand wird bei Terminkalkulation berücksichtigt. Die Abarbeitung der verbleibenden 32Hz-Taktung ist nicht zeitkritisch und wird zugleich zur Zeitscheibenkontrolle des niederprioren Round-Robin-Schedulings genutzt. Durch den Verzicht auf relevante Taktung werden Aliasing-Effekte vermieden.

Für die **netzweite Uhrensynchronisation** wird ein neuartiges, netzspezifisches Verfahren eingesetzt, das letztlich auf fallweiser Messung der Übertragungszeit beruht. Beim Ethernet, so zeigen die Messungen an MDX reicht für eine sichere Synchronisation unter 50 µs (typisch 8 µs) ein 20 s Synchronisationsintervall. Die exemplar-, temperatur- und betriebsbedingten Driften der Hardware-Uhr werden durch **fortlaufende Korrektur** kompensiert. Da sich auch Fehler, die kleiner als ein Zählschritt der Hardware (0,838 µs) sind, akkumulieren können, werden **Schalt-Mikrosekunden** bei jedem ersten, zehnten und hundertsten Uhrentakt (32 Hz) eingefügt. Innerhalb eines zulässigen Fehlerkorridors wird nicht nachsynchronisiert, um Schwingungsanregungen kleiner Synchronisationsfehler zu dämpfen (Freilauf-Algorithmus). Der verbleibende Fehler ist geringer als eine Netzübertragungszeit, so daß alle Stationen die gleiche Sicht auf Ereignisfolgen haben und den Buszugriff zeitlich koordinieren können.

Im MDX-Realzeitbetrieb wird dasjenige Programm, das seine Anforderungen spezifiert, durch - soweit aufgrund der verfügbaren Betriebsmittel überhaupt erfüllbar - eine Leistungsgarantie belohnt, und dasjenige, das seine Anforderungen nicht spezifiziert oder auch nur konventionelle Antwortzeitziele hat, prioritätsgerecht bestmöglich bedient. Dies führt zu einer Einteilung der Anwendungsprogramme in vier **Prozeßklassen**: verarbeitungsintensive und niederprior eingestufte Stapelprozesse (Batch), ereignisgetriebene mittelpriore Dialogprozesse und hochpriore weiche und harte Realzeitprozesse, deren Zeitablauf ihre Korrektheit graduell respektive abrupt bestimmt.

Der Systemkern bietet allen Prozeßklassen eine gemeinsame Ablaufsteuerung, die **Prioritätszeitsteuerung**, deren Leistungen sie bedarfsgerecht abfordern können. Die Prozeßzustände werden bestimmt durch netzweite, synchronisierende Prozeßkommunikation, deren Triggerung in Kausalketten letztlich von Ereignisquellen (Unterbrechungsmeldungen), aber auch von Startbotschaften der Zeitquelle (Kalendersteuerung) abhängt. So unterliegen die Prozesse **ereignis- und zeitorientierter Synchronisation**. Da die Synchronisationsformen kompatibel zueinander sind (Botschaften), kann der Programmierer Konstrukte sowohl für kausalrichtige, reaktive Ereignissteuerungen als auch für zeitrichtige, simultane Zeitsteuerungen bedarfsgerecht kombinieren.

Realzeitprozesse werden zu den durch Reservierung eingetragenen Zeitintervallen eines **taktfreien Mikrosekunden-Kalenders auf Höchstpriorität** exklusiv angehoben. Der Systemkern schaltet nach den Kalendereinträgen zwischen Normal- und Höchstpriorität. Für zeitgesteuerte Prozesse initiiert er deblockierende **Startbotschaften** mit exakter Zeitinformation. Ereignisgesteuerte Prozesse entscheiden selbst, ob sie nach Eintreffen eines Ereignisses mit ihrer Normalpriorität sofort starten, oder ob sie auf ihr Zeitraster warten wollen. Ein Realzeitprozeß darf aufgrund einer Ausdehung des Prioritätszeitprinzips auf alle Ressourcen während seiner Realzeitphase alle Systemleistungen beanspruchen. Quittiert der Realzeitprozeß wegen fehlerhaftem Eigenzeitverhalten nicht vor der angemeldeten Zeitschranke seine zeitgerechte Fertigstellung mit einem Suspend(NoWait)-Aufruf, erzeugt die ebenfalls auf dem Kalender basierende Zeitüberwachung des Systemkerns ein **SIGDEAD-Signal**, das den Prozeß aus der verspäteten Bearbeitung sofort herausreißt und ihn in die von ihm für diesen Fall angemeldete Zeitfehler-Behandlungsfunktion wirft. Hierin hat er die Chance, einstweilen Notmaßnahmen zu treffen und für weitere Vorsorge seine Algorithmen neu einzuskalieren oder Last umzuverteilen. In jedem Falle wirkt sich sein zeitliches Fehlverhalten nicht auf den Zeitablauf anderer Realzeitprozesse aus.

Flankierend mußten wegen des Ereignisbetriebes eine Reihe von Verfahren zum Erhalt der Bandbreiten entwickelt werden. Eine netzweite **Prioritätsvererbung** überträgt die Priorität des Auftraggebers auf den Auftragnehmer. Zusammen mit prioritätsorientierten Warteschlangen bei der Interprozeßkommunikation hat dies für den Realzeitprozeß die Konsequenz, daß alle von ihm beanspruchten Leistungen sofort von Altaufträgen niederpriorer Prozesse freigeschossen werden. Er hebt längs der Aufrufkette alle Prozesse auf Höchstpriorität, so daß - sofern sie wie die Systemdienste ebenfalls limitierte Programmlaufzeiten haben - der Realzeitprozeß auch in vorsagbarer Zeit Dienstleistungen erhält. Für nicht-präemptive Betriebsmittel prüft eine **Akzeptanzplanung** im voraus, ob atomare Bearbeitungsphasen in reservierte Realzeit-Phasen geraten könnten (Timely-Aufruf).

Für hochfrequente, gleichartige Aufträge deterministisch kurzer Bearbeitungszeiten (Unterbrechungsmeldungen) ist eine Akzeptanzkontrolle ineffizient. Sie werden daher auch während der Realzeitphasen zugelassen und durch Kern-Reentranz bis zur Vorverarbeitung durchgelassen. Bei Überflutung durch Unterbrechungsmeldungen würden so aber reservierte Bandbreiten unberechtigt konsumiert und Realzeitprozesse gefährdet. Eine **Ratenkontrolle** zählt deshalb während der Realzeitphasen den jeweiligen Unterbrechungsfluß der Geräte und drosselt ggf. die Akzeptanz, falls ein Gerätetreiberprogramm mehr Unterbrechungen beansprucht, als ihm im Rahmen einer zuvor angemeldeten Maximalrate multipliziert mit der aktuellen Realzeitphasenlänge zugestanden wurde. Die Unterbrechungen reduzieren wie auch der Uhrfehlerkorridor die verplanbare Kapazität, so daß entsprechend überzureservieren ist.

Statt im durch Startbotschaften initiierten Zeitraster können Realzeitprozesse wahlweise auch auf Ereignisse sofort reagieren, in dem sie ihren reservierten Zeiten vorauseilen. Das ereignisgetriebene **Vorauseilen** kann mit einer **Stornierung** reservierter, aber bereits erledigter Prioritätszeiten verbunden werden, sofern die jeweilige Prioritätszeitsteuerung eine anderweitige Ausnutzung freigegebener Zeiten nicht gewähren kann. Der Kalender mit reservierten Prioritätszeiten dient so nur noch als Realzeitgarant, als ein Rückhalt, um auch bei Lastspitzen zeitgerecht zu bleiben. Falls auch Zeitschranken für verfrühte Antworten bestehen, kann eine vorauseilende Verarbeitung durch eine Suspend-Funktion aufgefangen werden.

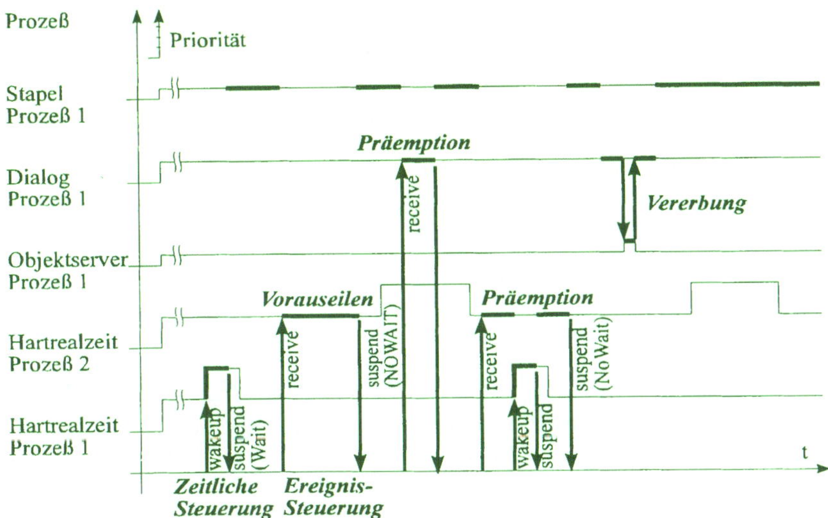

Abb. 2 : Kalendergesteuerte Prioritätsanhebung (dünn: Priorität/Reservierung, fett: Aktivität)

Bei konventionellen Zeitsteuerungen kommt es durch nicht ausgeschöpfte, aber für den Worst-Case vorgehaltene Zeiten zu einem **Ressource-Reclaiming**-Problem, diese Zeiten für konkurrente Prozesse zu verwerten. Das Problem löst sich bei der Prioritätszeitsteuerung, weil nicht die Prozeßausführung, sondern die dynamische Prioritätsanhebung vom Kalender gesteuert wird. Die zeitweise angehobenen Prioritäten führen zu keinen Leerlaufzeiten, wenn aufgrund der Ablaufsynchronisation sich ein Realzeitverarbeitungsvorgang erübrigt hat. Unreservierte Prioritätszeiten, vorauseilend freigegebene Prioritätszeiten als auch wegen Wartebedingungen unausgeschöpfte Prioritätszeiten werden von der bei jeder Kernaktivierung ausgeführten **prioritätsorientierten Prozeßauswahl** verwertet. Das Vorauseilen hat zudem eine kompaktifizierende Wirkung und führt zu verkürzter Reaktionszeit und reduzierter Prozeßwechselfrequenz.

Die prioritätsorientierte Prozeßauswahl ist wegen des Vorauseilens das den Betrieb de facto charakterisierende Scheduling-Prinzip. Vorauseilende Realzeitprozesse und Systemprozesse belegen den oberen Prioritätsbereich und unterliegen zur Fairneß jeweils innerhalb einer Prioritätsebene einer **Round-Robin**-Reihenfolge mit **Zeitscheiben**.

4. Bandbreiten-Reservierung

Einer strikten Trennung von Strategie (Policy) und Betriebsverfahren (Mechanism) folgend sind die Reservierungsplanungen langlaufender Realzeitprozesse und der bisher betrachtete Prioritätszeitbetrieb in MDX getrennt implementiert. Die Verwaltungsaufgaben zur Betriebsmittelreservierung werden von den Bibliotheksfunktionen, von den Objektservern und vom Zeitserver bewältigt und durch Aufträge an den Uhrenserver umgesetzt, der als Kernbestandteil unmittelbar in den Prioritätszeitbetrieb eingreift. Eine **Reservierung** wird hier definiert als ein betriebsvorbereitend deklarierter, zeitlich befristeter Betriebsmittelbedarf und ist zu unterscheiden von einer spontanen und unbefristeten Betriebsmittelbelegung (Allokation) im laufenden Betrieb. Die MDX-Programmbibliothek bietet eine Erweiterung der POSIX-Schnittstelle zur Spezifikation von Zeitanforderungen auf unterschiedlichen Reservierungsebenen :

Eine **End-to-End-Reservierung** als Voraussetzung für vorauseilenden Betrieb verteilter Aktivitäten (Aufrufketten) ist ein Zeitrahmen aus Startzeit, Periode und Dauer, der eine Reihe von lokalen und rechnerübergreifenden Objektzugriffen und Gerätezugriffen umfaßt. Dürfen wegen einzuhaltender Startzeiten Teile einer Aktivität nicht von einer Kompaktifizierung (und damit erhöhter Reaktivität) profitieren, sind lediglich für jeden Zugriff individuelle Zeitrahmen zu definieren.

```
Definition: *frame  = {start, duration,period }  // Zeiten in { s ms µs ns }
```

Eine **Objektbuchung** ermöglicht auch unter harten Realzeit-Bedingungen komplexe, netztransparente Systemdienste (Objektzugriffe). Die Objektbuchungen werden direkt an lokale und ferne Objektserver zugestellt, die dann passende Gerätereservierungen vornehmen. Spezifiziert werden der Zeitrahmen, das Objekt, die in Realzeit fortan auszuführende Operation und das Transfervolumen. Das netzweite Lesen einer Bewegtbilddatei und die Darstellung auf einem Grafikschirm mit einer Rate von 25 Bildern 2 KByte pro Sekunde zeigt das folgende Beispiel :

```
Beispiel :      broke (*frame1, "%cluster/usr/data/movie.dat", "READ", "2KB" );
```

Eine **Gerätereservierung** der Prozessoren, Netzwerke, Ein/Ausgaben und Speicher wird automatisch aus Ebene der Objektreservierungen von Bibliothek und Objektservern abgeleitet, kann optional aber auch direkt vom Realzeit-Programmierer spezifiziert werden. Die Gerätereservierung wird unmittelbar an den lokalen Zeitserver übertragen, der sie prüft, sie ggf. in seine Kalenderkopie einträgt und den Kernkalender durch Eingriffe über den Uhrserver des Kerns nachführt. Der Kernkalender wird im laufenden Betrieb vom prozeduralen inneren Kern (Nukleus) interpretiert, wobei je nach Kalenderereignis Höchstpriorität für die Prozeßauswahl, Funkstille für die Dauer eines Paketkopfes beim Netzzugriff auf Busnetzen, Exklusivzugriff auf Medien oder ein Akzeptanzplan für Objektserver gestartet oder gestoppt wird. Eine Reservierung des lokalen Prozessors und des Netzwerks zeigen die folgenden Beispiele.

```
Definition : reserve (  device,        start,    duration,     period);

Beispiel1 :  reserve (   CPU,             1s,       10µs,        1ms);
Beispiel2 :  reserve (   NET,        1s10µs,      100µs,        1ms);
```

Eine **Unterbrechungsraten-Reservierung** (setrate) der Gerätetreiber spezifiziert den Unterbrechungskanal (irq), die Unterbrechungsrate und die Priorität, mit der der Systemkern die Unterbrechungsbotschaft und den Treiberprozeß behandeln soll. Vorausgehen muß eine Unterbrechungskanal-Reservierung (interrupt), mit der der Unterbrechungskanal (irq) und optional eine Unterbrechungsvorbehandlungsfunktion (prehandle) spezifiziert wird. Eine Unterbrechungsmeldung der Geräte wird vom Systemkern in eine Unterbrechungsbotschaft umgewandelt und dem Gerätetreiber wie eine Auftragsbotschaft eines Klienten zugestellt. Die Vorbehandlungsfunktion wird prozedural aufgerufen. Die Unterbrechungsbotschaft wird synchron in der Server-Schleife des Treibers akzeptiert. Die Kanal- und die Ratenreservierung werden von der Bibliothek an den Unterbrechungsserver des Systemkerns übertragen, der die Datenstrukturen verwaltet, aus denen der prozedurale Nukleus zur Laufzeit Sprungziele und Adressaten für fortzuschaltenden Unterbrechungsmeldungen entnimmt.

Definition :	interrupt (irq, (prehandle*)(), MODE);
Definition :	setrate (irq, rate, taskprio, messageprio);

Wahlweise können Reservierungen eines Programms nicht nur In-Line im Programm, sondern zum Re-Engineering von Altanwendungen auch in einer **Steuerdatei** spezifiziert werden. Das Zusammenwirken der vier Reservierungsebenen zeigt Abbildung 3.

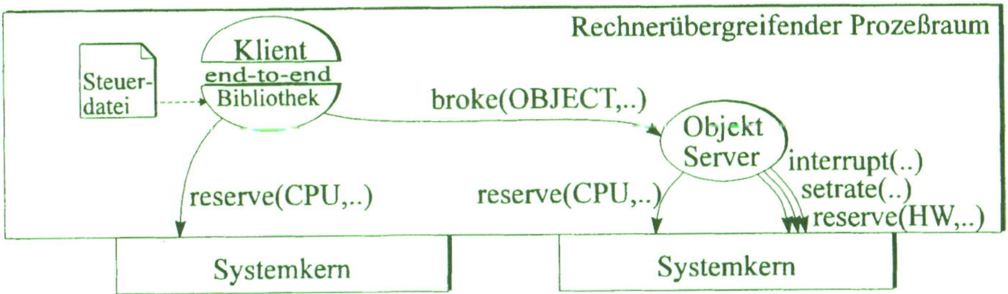

Abb. 3 : Zusammenwirken der Reservierungsformen

Die Reservierungen in MDX erfolgen beim Prozeßstart eines Realzeitprozesses bzw. vor Beginn seiner Realzeitphase. Akzeptierte und quittierte Reservierungen werden zur Laufzeit im Rahmen der Kalenderinterpretation durch den Systemkern garantiert. Ob eine Reservierung akzeptiert werden kann, wird mit **lokalen Reservierungsprüfungen** kalkuliert. Hierzu gehören Plausibilitätstests auf Selbstüberschneidung, eine Kapazitätsprüfung mit Überreservierungsfaktor, eine Interferenzprüfung auf Ineinanderlaufen der Perioden, eine Phasenprüfung im virtuellen Grundtakt (größter gemeinsamer Teiler nach Euclid) und eine Prioritätsprüfung, ob ggf. eine niederpriore Altreservierung zu verdrängen ist. Die derart in Restzeiten verdrängten Realzeitprozesse können durch Migration auf freie Stationen oder nach Beendigung der höher reservierungsprioren Mitbewerber wieder auf Realzeitstatus gehoben werden.

Die **netzweiten Reservierungsverhandlungen** (Broker-Service) werden in mehreren Schritten ausgeführt, bis sie erfolgreich oder definitiv unerfüllbar sind. In einem ersten Schritt wird zur Kommunikationsminimierung eine lokale Reservierung versucht. Ist dies gescheitert, werden in einem zweiten Schritt die Netzwerke auf hinreichende Kommunikationsbandbreiten für Fernbetrieb geprüft. Sofern diese vorhanden sind, kann in einem dritten Schritt mit den Stationen hinsichtlich Reservierbarkeit verhandelt werden, und zwar in Reihenfolge ihrer aktuellen Leistungsfähigkeit. Diese Reservierungsregel reduziert Lastunterschiede und Einschnürungen, die sonst die Lastausgleichsautomatik zu Sekundärmigrationen veranlassen und zugleich darin behindern.

In zeitgesteuerten Betriebssystemen müssen in einer Bindungsphase alle Kommunikationspartner längs einer Aufrufkette zunächst ihren eigenen Betriebsmittelzeitbedarf reservieren (**explizite Reservierung**). Dies zwingt die Ausführung immer starr in das Zeitraster der Worst-Case-Zeiten, verursacht Reclaiming-Probleme und erlaubt auf wechselnde oder unvorhersehbare Anforderungen nur ungelenke Reaktionen.

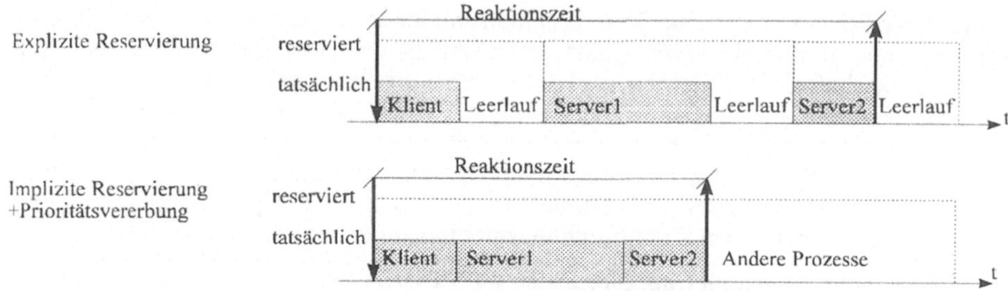

Abb. 4 : Explizite und Implizite Reservierung

In MDX läßt der Klient sich die Betriebsmittel aller Servicepartner auf eigene Rechnung reservieren und vererbt seine Priorität zur Laufzeit längs der Aufrufketten (**implizite Reservierung**). Der Verschnitt der Reservierungen reduziert sich und die Aktivität kann vorauseilend kürzere Reaktionszeiten erzielen. Die implizite Reservierung verletzt aber das Prioritätszeitprinzip, da auf einer Station neben dem aktuellen Realzeitprozeß mehrere Server von fernen Realzeitprozessen Höchstpriorität netzweit über Aufträge ererben. Um den Konflikt aufzulösen, werden die Reservierungen in eine "explizite" Teilmenge und eine "implizite" Obermenge unterschieden. Die explizite Teilmenge ist für eine Absicherung mit einem Worst-Case-Zeitraster zwingend notwendig und erhält die volle Reservierungspriorität der Realzeitapplikation. Die implizite Obermenge dient lediglich beschleunigter Systemantworten und wird deshalb mit niedriger Reservierungspriorität ausgestattet.

5. Beispiel und Meßergebnisse

Das folgende Beispiel (Abb. 5) zeigt ein Timing einer verteilten Realzeitanwendung mit einem über zwei Rechner in einem Netzwerk gespannten Regelkreis mit einem Sensorprozeß (Meßsignal), einem Regelprozeß (Interpolation) und einem Steuerungs- bzw. Aktorprozeß (Lageregelung). Die Anhebungen der dünngedruckten Linien sind die Prioritätszeit-Reservierungen auf verschiedenen Betriebsmitteln; die Anhebungen der fettgedruckte Linie zeigen den Zeitverlauf einer Aktivität.

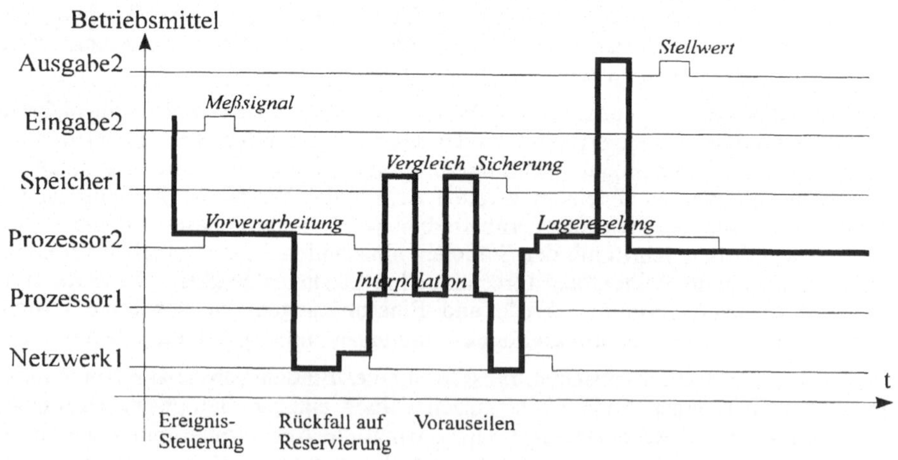

Abb. 5 : Beispiel einer verteilten Realzeitanwendung

In der folgenden Messung wird die Reaktivität und die Zeitgarantie der Prioritätszeitsteuerung trotz Störlasten im Vergleich zur prioritätsorientierten Ereignissteuerung und zur fest-zyklischen Zeitsteuerung betrachtet. Die Messung konzentriert sich auf Prozessoren; vergleichbare Messungen ergeben sich für das Netzwerk und für Ein/-Ausgabe- und Speichergeräte. Die Messung erfolgte unter gleichen Voraussetzungen auf MDX : Ein Klientenprozeß beauftragt zu wechselnden Zeiten (im Mittel 100 Hz) einen Server mit der Bearbeitung eines durchschnittlich 1 ms dauernden Benchmarks. Er mißt mit einer Genauigkeit weniger µs die Antwortzeit zwischen Auftragsvergabe und Antwortempfang. In der dargestellten Situation muß einer konkurrierenden, gleichrangigen Anwendung die gleiche Priorität eingeräumt werden. Diese Störlast wird über Unterbrechungen angeregt und erhöht schrittweise ihre Last.

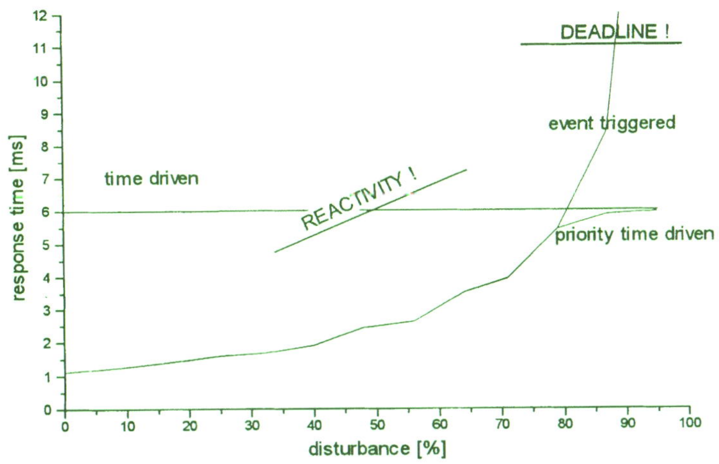

Abb. 6 : Mittelwerte der Antwortzeiten unter Störlast

Die Messungen zeigen (Mittelwerte in Abb. 6), daß Mittelwert und Höchstwert der Antwortzeit der Zeitsteuerung zwar die Zeitschranke garantiert einhält, aber die Forderung nach kurzen Reaktionszeiten verletzt. Die Ereignissteuerung zeigt zwar die erwünschte Effizienz und Reaktionsschnelligkeit bei geringer Störlast, verletzt aber die Zeitschranke bei größeren Belastungen. Die Prioritätszeitsteuerung folgt für kleine und mittlere Auslastung der Reaktionsschnelligkeit der Ereignissteuerung und geht erst bei hoher Störlast in den garantierenden Rahmen der Zeitsteuerung über (Clipping).

6. Zusammenfassung

Realzeitanwendungen können im verteilten Realzeitbetriebssystem MDX ihre Dienstanforderungen auf bedarfsgerechtem Abstraktionsniveau anmelden. Die Anforderungen werden in die erforderlichen Teilreservierungen (Rechenphasen, Kommunikationsphasen, Unterbrechungsraten) aufgelöst und auf Konflikte mit bestehenden Reservierungen überprüft. Gegebenenfalls wird der noch nicht im Realzeitbetrieb befindliche Prozeß zu geeignet vakanten Rechenstationen migriert. Bei den Reservierungen werden Reserven für angemeldete und im laufenden Betrieb kontrollierte Unterbrechungsraten aufgeschlagen. Verläuft die Prozeßverarbeitung oder die Netzkommunikation rascher als der angemeldete Worst-Case, werden Restzeiten zusammen mit nicht-reservierten Zeiten für präemptives, prioritätsorientiertes Round-Robin-Scheduling mit netzweiter Prioritätsvererbung für konventionelle Anwendungen verwertet. Prozesse mit defektem Eigenzeitverhalten werden durch Kernsignale informiert, können ggf. die Skalierung ihrer Algorithmen anpassen und werden in jedem Falle daran gehindert, das Zeitverhalten anderer Prozesse zu stören.

Das Prioritätszeitverfahren kombiniert den Determinismus und die Zeitgarantie von Zeitsteuerungen mit der Dynamik, Effizienz und der Reaktionsbereitschaft von Ereignissteuerungen. Da die Anwendungen durch Zeitzäune und Speicherschutz getrennt sind und Restzeiten vorgehalten werden, können im Betrieb neue Realzeitprogramme gestartet und laufende umparametrisiert werden, ohne daß Realzeitgarantien gefährdet werden. Das Verfahren konnte gleichermaßen für Prozessor, Netzwerk und Geräte realisiert werden. Damit wird eine inkrementelle Anwendungsentwicklung unterstützt und ein Fortschritt auf dem Weg zur Unterstützung räumlich verteilter und dynamisch veränderlicher Steuerungsaufgaben erzielt.

Literatur

[Cheng EA 94] B-C. Cheng, A.D. Stoyenko, T.J. Marlowe : "Least-Space-Time-First Scheduling Algorithm: A Policy for Complex Real-Time Tasks in Multiple Processor Systems", WRTP 94

[Hagsand, Pink 94] O. Hagsand, S. Pink : "ATM as a link in an ST-II Internet", LNCS 846

[Kuriki-Suonio 94] R. Kurki-Suoni : "Real Time : Further Misconceptions (or Half-Truths)", IEEE Computer 1994

[Northcutt 92] J.D. Northcutt, E.M. Kuerner : "System Support for Time-Critical Applications", LNCS 614, Springer 1992

[Schrimpf 95] H. Schrimpf : "Migration of Processes, Files, and virtual Devices in the MDX Operating System", Operating Systems Review, ACM 4/1995

[Stankovic, Ra. 90] J.A. Stankovic, K. Ramamritham : "What is Predictability for Real-Time Systems?", Journal of Real-Time Systems, 2 / 1990

[Wolfinger 92] B. Wolfinger, M. Moran : "A Continuous Media Data Transport Service and Protocol for Real-Time Communication in High Speed Networks", LNCS 614, Springer 1992

[Zhang EA 93] L. Zhang, S. Deering, D. Estrin, S. Shenker, D. Zappala: "RSVP: A New Resource ReSerVation Protocol", IEEE Network SEP 93

Simulation und Parameteroptimierung einer Profibus-Kommunikationsanschaltung

Thomas Laible und Stefan List
Institut für Mathematische Maschinen und Datenverarbeitung IV
Universität Erlangen-Nürnberg
e-mail: list@informatik.uni-erlangen.de

Abstrakt

In diesem Papier werden die Anforderungen dargestellt, welche sich an die Modellbildung im Rahmen einer konkreten Simulationsaufgabe gestellt haben. Dabei wird Art und Umfang des Modells beschrieben, wesentlichen Modellkomponenten erläutert, und die Einsatzmöglichkeiten des Simulationsmodells dargestellt.

1 Einleitung:

In der Automatisierungstechnik findet zur Zeit eine Migration von Systemen mit einer großen Anzahl von direkt angeschlossenen E/A-Modulen zu verteilten und miteinander kooperierenden Systemen statt. Diese Dezentralisierung erstreckt sich von der Leitebene bis in die Sensor-/Aktor-Ebene, der sogenannten "Dezentralen Peripherie". Dabei werden anfallende Daten vor Ort gesammelt und nach einer möglichen Vorverarbeitung über einen Feldbus an eine übergeordnete Instanz gemeldet.

Heute existieren eine Vielzahl verschiedener Feld- und Zellenbussystemen, welche jeweils ein bestimmtes Aufgabengebiet der industriellen Kommunikation abdecken und dafür optimiert sind. Dagegen wurde mit PROFIBUS (PROcess FIeld BUS, DIN 19245) ein Bussystem geschaffen, dessen Einsatzgebiet von der Anschaltung von E/A-Karten bis in die Leitebene reicht.

Die Adaption von PROFIBUS an das jeweilige Aufgabengebiet erfolgt dabei durch entsprechende Anwendungsprofile, eine angemessene Busstruktur und der Einstellung der Busparameter. Damit soll dem Anwender ein universelles Bussystem zur Lösung seiner Automatisierungsaufgabe zur Verfügung gestellt werden.

Die Komplexität des zu bearbeitenden verteilten Aufgabe, die Abhängigkeiten der verschiedenen Busparameter und Profile und die möglichen Anlagenkonfigurationen machten es für den Anwender schwierig zu entscheiden, ob bestimmte Anforderungen von dem in seiner Anlage vorgesehenem Bussystem erfüllt werden können. Im Mittelpunkt des Interesses stehen dabei Fragen nach der Reaktionsgeschwindigkeit und dem Lastverhalten. Eine Möglichkeit der Hilfestellung bei dieser komplexen Aufgabe bietet dabei die Simulation, mit der die Automatisierungsaufgabe nachgebildet, und entsprechende Parameter mit geringem Aufwand überprüft und weitestgehend sogar optimal eingestellt werden können.

2 Darstellung des Systems

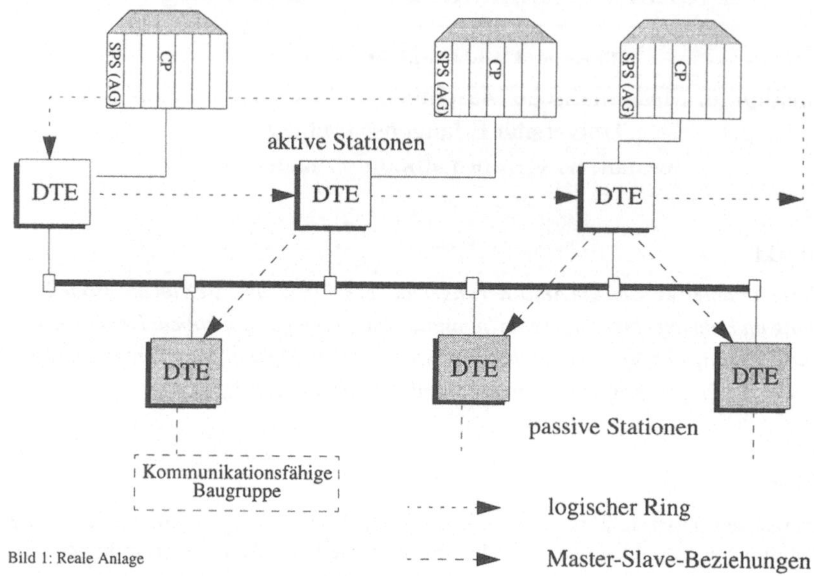

Bild 1: Reale Anlage

Der PROFIBUS

Bei Profibus handelt es sich um ein serielles Bussystem, bei dem ein spezielles Berechtigungstelegramm, der sogenannte Token, von einer aktiven Station an die nächste verschickt wird. Nur diejenige Station, welche aktuell den Token besitzt, hat die Berechtigung Nachrichten zu Senden. Dabei können hoch- und niederpriore Nachrichten verschickt werden und auf eine sofortige Antwort des Empfängers gewartet werden. Eine zeitliche Begrenzung der Token-Haltezeit ist durch die 'Target-Rotation-Time' gegeben, nach deren Ablauf der Token weiterzugeben ist. Das Protokoll stellt jedoch sicher, daß mindestens ein hochpriores Telegramm gesendet werden konnte, um damit die zeitliche Verzögerung eines hochprioren Auftrags deterministisch beschränken zu können. Für eine ausführliche Beschreibung siehe /Bend90/, /NORM89/.

Die reale Anschaltung

Die reale PROFIBUS-Anschaltung besteht aus einem Kommunikationsprozessor, welcher mit dem jeweiligen Automatisierungsgerät bzw. PC über einen gemeinsamen Speicher kommuniziert. Auf dem Kommunikationsprozessor ist PROFIBUS-Ebene 2 durch einen ASIC realisiert. Darauf setzen verschiedene Kommunikationsprotokolle auf die einen direkten Ebene 2-Zugang bis zu einem MMS-Protokoll auf Ebene 7 realisieren. Die einzelnen Applikationen sind in Form von Tasks realisiert, welche unter dem Echtzeitbetriebsystem MTK /Kirsch92/ ablaufen. Die einzelnen Tasks übergeben Daten in Form von Nachrichten.

Die Anlagenkonfigurierung

Mehrere dieser Kommunikationsanschaltungen sind nun über einen gemeinsamen Bus verbunden, und haben die Aufgabe, den Datenaustausch zwischen den jeweilig angeschlossenen Automatisierungsgeräten (AG) zu realisieren. Zukünftig sind auch hierarchische Bussysteme geplant.

3 Ziele der Simulation

Mit Hilfe der Simulation sollten Fragestellungen hinsichtlich der Optimierung der Kommunikationsbaugruppe betrachtet werden. Im Mittelpunkt standen dabei folgende Fragen:

- o wie stark wird der Kommunikationsprozessor durch eine vom Automatisierungsgerät angebotenen Last unter einer vorgegebenen Parameter- und Anlagenkonfiguration insgesamt belastet?

  Die Last setzt sich dabei aus der externen Last des Automatisierungsgeräts und der internen Last, verursacht durch die Anwendungsprogramme und den Verwaltungsaufwand des Betriebssystems zusammen.

- o wie leistungsfähig ist die Kommunikationsanschaltung, d.h. wie gut wird sie in einer konkreten Konfiguration mit einer von außen wirkenden, definierten Last fertig?

  Die Leistungsfähigkeit des Systems wird dabei durch den maximalen Durchsatz beschrieben, welcher wie folgt definiert wurde.

  > "Der maximale Durchsatz des Systems ist die maximale Last, bei der der Anteil an nicht erfolgreichen Sendeaufträgen eine bestimmte vorgegebene Schwelle gerade nicht überschreitet" /Boehm93/

  Unter nicht erfolgreich kann dabei verstanden werden, daß:

  - die lokalen Ressourcen der Baugruppe nicht ausreichen, den Sendeauftrag (in einer vorgegebenen Zeitspanne) zu bearbeiten.
  - der Auftrag aufgrund der eingestellten Busparameter und der aktuellen Busbelastung in einer vorgegebenen Zeitspanne nicht gesendet werden konnte.
  - die Partnerstation die Daten aufgrund von mangelnden Empfangsressourcen oder ihrer zu späten Bereitstellung nicht entgegennehmen konnte.

Unter diesem Gesichtspunkt wurden folgende Aspekte betrachtet:

die Baugruppe betreffend:

- wie sind die einzelnen Applikationen auf Tasks des Betriebsystems hinsichtlich ihrer Priorität abzubilden.

- welche Strategien sollen bei der Nachrichtenübergabe verwendet werden.
- wie hat eine sinnvolle Ressourcenverteilung auf die einzelnen Applikationen auszusehen.

das Netzwerk betreffend:

- welche Busparameter, Profile sind für vorgegebene Applikationen optimal

das AG-Programm betreffend:

- welche Kommunikationsdienste sind für die jeweilige Applikation geeignet.
- wie ist der Datenaustausch am günstigsten in der Bearbeitung des AG-Programms zu integrieren.

Diese Fragestellung diente zum Festlegen des Umfangs und des Gültigkeitsbereichs des zu simulierenden Modells, welches im folgenden dargestellt wird.

4 Umfang des Modells

Da reale Systeme i.a. offen sind, muß für ein abgeschlossenes Modell auf beobachtbare Größen abstrahiert bzw. geeignete Ersatzdarstellungen gefunden werden. Die folgenden Vereinfachungen und Abgrenzungen von der Umwelt definiert somit den Gültigkeitsbereich des Modells.

Die für die Simulation relevanten Systemkomponenten bestehen aus einer konkreten PROFIBUS-Anschaltung und den Programmen, welche unter Kontrolle des Betriebsystems MTK ablaufen. Da die Last auf der Baugruppe ermittelt werden soll, sind die relevanten zu beobachtenden Größen die Durchlaufzeiten der jeweiligen Codeteile der entsprechenden Applikationstasks und -Interrupthandler als auch des Betriebsystems. Weitergehend wurden folgende Abstraktionen und Vereinfachende Annahmen getroffen:

(1) der Modellteil, welcher das Verhalten des Gesamtnetzwerkes beschreibt, wurde nur anhand der Spezifikation des Busprotokolls erstellt.

(2) es wurden keine Übertragungsfehler berücksichtigt, welche zu Telegrammwiederholungen oder Tokenverluste führen können.

(3) das Aufnehmen neuer Teilnehmer in den logischen Ring wird nicht betrachtet.

(4) das durch die Automatisierungsgeräte erzeugte Lastverhalten wird durch die Aufrufreihenfolge der einzelnen Funktionsbausteine im AG-Zyklus, die Anzahl der zu übertragenen Daten und des verwendeten Protokolls spezifiziert.

(5) für den Code der Tasks und der Interruptroutinen wird ein vereinfachter Befehlssatz verwendet, welcher nur die Ausführungsdauer von Codesequenzen und Interaktionen mit dem Betriebssystem modelliert.

(6) Zeiten für Scheduling und Kontextwechsel werden als konstant angenommen, da die möglichen Zeitdifferenzen gegenüber ihrer Ausführungsdauer und derjenigen der Applikationsprogramme vernachlässigt werden kann.

(7) Betriebssystemaufrufe werden als atomar angesehen, d.h. können nicht durch einen Interrupt unterbrochen werden.

(8) vernachlässigt werden die Hardware-Laufzeiten des ASICs, welche die Protokollebene 1 umfassen; sie können durch einen additiven Aufschlag auf entsprechende Busparameterzeiten berücksichtigt werden.

5 Anforderungen an das Modell

Aus den in Abschnitt 4 definierten Ziele und der realen Umgebung ergaben sich folgende Anforderungen an das Simulationsmodell

- die Modularität des realen Systems muß hinsichtlich Anschaltung von Kommunikationsbaugruppen auf das Modell übertragbar sein.
- die Einstellung verschiedener Busparameter muß ohne Modellmodifikation möglich sein.
- es soll ein beliebiges Lastverhalten der angeschlossenen Automatisierungsgeräte spezifizierbar sein.
- die verschiedenen Kommunikationsschichten und ihre Abbildung auf entsprechende Tasks ist zu modellieren.
- verschiedene Scheduling-Strategien in den Anschaltungen und Automatisierungsgeräten sollen miteinander verglichen werden.
- Ressourcenengpässe der Kommunikationsbaugruppe sollen erkannt werden.

Durch den Einsatz der objektorientierten Simulationsbibliothek "Communication Network Class Library" (siehe /CNCL90/) wurde ein entsprechendes Modell erstellt.

Dabei konnte auf eine natürliche Weise die Modellkomponenten durch entsprechende CNCL-Objekte realisiert werden. Insbesondere die Möglichkeit Ereignisse (Events) mit zusätzlichen Daten zwischen Bearbeitungsinstanzen (Eventhandler) in CNCL austauschen zu können, erleichterte die Abbildung des nachrichtenorientierten Modells erheblich.

6 Modellbeschreibung

Die Anforderung nach Modularität und Parametrierbarkeit des Modells wurde durch die Modellierung einer eigenen Stationskomponente erreicht. Von dieser konnte eine beliebige Anzahl an eine Modellkomponente "*Bus*" angeschlossen werden (siehe Bild 2.), ohne daß das Gesamtmodell zu ändern war.

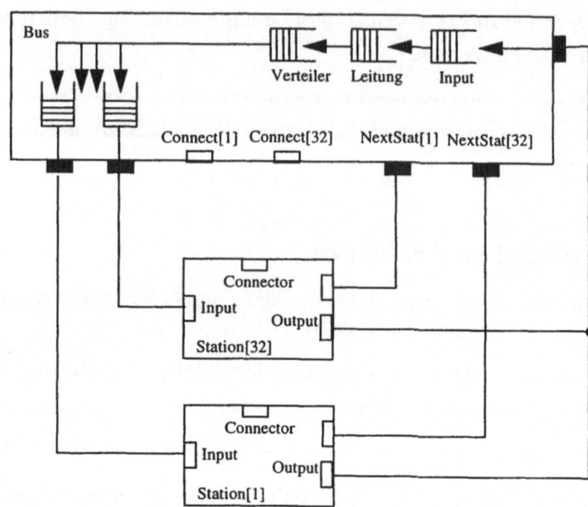

Bild 2: Modell des Gesamtsystems

Um das Modell der Kommunikationsanschaltung flexibel zu halten, wurde es durch die Komponenten "*Task*", "*Betriebssystem*", "*Interrupthandler*" und "*Timer*" modelliert. (siehe Bild 3). Damit konnten verschiedene Realisierungmöglichkeiten hinsichtlich Funktionalitäts- und Leistungsumfang der Anschaltung betrachtet werden.

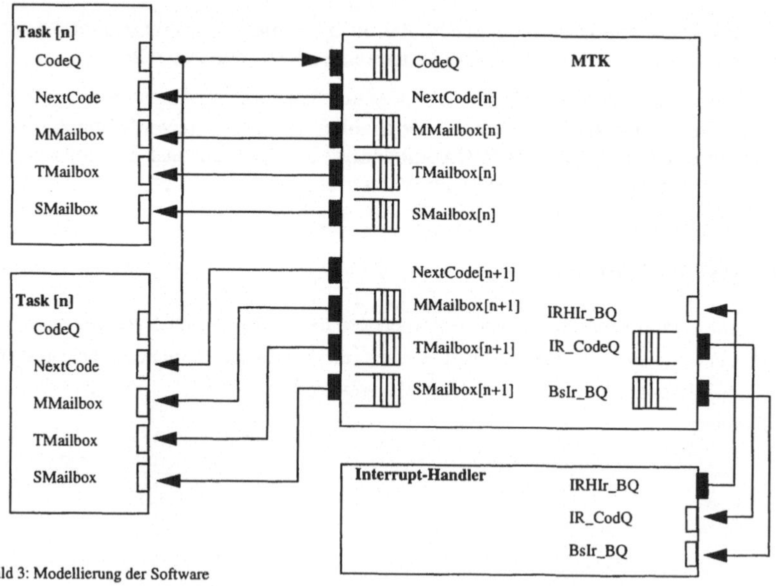

Bild 3: Modellierung der Software

Die Aktionen des Betriebssystems werden dabei durch die in Bild 4 definierten Betriebsystemzustände und Übergänge modelliert.

Die Codebearbeitung wurde, um Modularität zu gewährleisten, folgendermaßen realisiert. Über das Signal "*NextCode*" (siehe Bild 3.) wird von einer durch das Betriebssystem ausgewählten Taskkomponente der nächste zu bearbeitende Code angefordert. Die angesprochene Taskkomponente sendet an die Stelle "*CodeQ*" ihren nächsten Abzuarbeitenden Code. Dieser besteht aus einer zeitlichen Angabe, welche die Codebearbeitung charakterisiert oder einem Betriebsystemaufruf, wie das Senden von Nachrichten. An den anderen Stellen kann ein Task auf ein Ereignis, wie z.B. den Erhalt einer Nachricht warten. Ein Task wird dabei durch die in Bild 5. spezifizierten Zustände und Zustandsübergänge beschrieben.

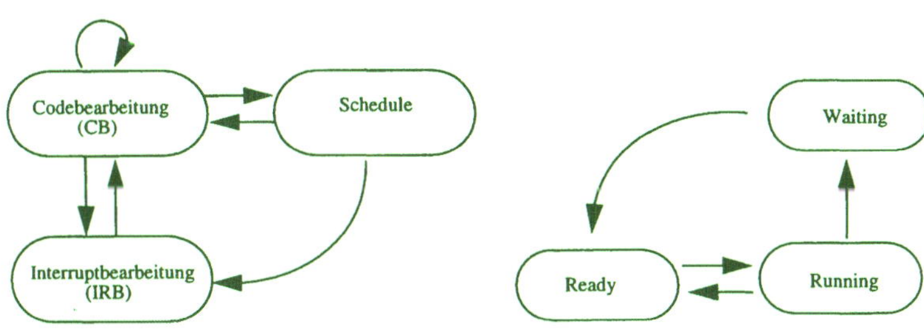

Bild 4: Zustände des Betriebssystems

Bild 5: Zustände eines Task

Dabei kann sich nur ein einziges Task im Zustand "*Running*" befindet. Damit ist das Task festgelegt, an welches das Betriebsystem im Zustand "*Codebearbeitung*" die nächste Codeanforderung richtet.

7 Lastgenerierung

Zur Lastgenerierung wurde die Bearbeitung eines Programms auf einem Automatisierungsgerät durch die Modellierung entsprechender Funktionsbausteinen dargestellt, welche zyklisch aufgerufen werden. Dabei wurden Funktionsbausteine erstellt, welche

- die Bearbeitung von Daten
- Programmverzweigungen
- das Senden von Daten
- den Datenempfang

modellieren.

8 Validierung

Das Simulationsmodell wurde mit entsprechenden realen Anlagenkonfigurationen (s. Bild 6) verglichen, wobei ein Datenaustausch zwischen mehreren Stationen stattfand.
Die Datenrate, Größe der übertragenen Daten, Anzahl der Busteilnehmer und die eingestellten Busparameter wurden entsprechend variiert.

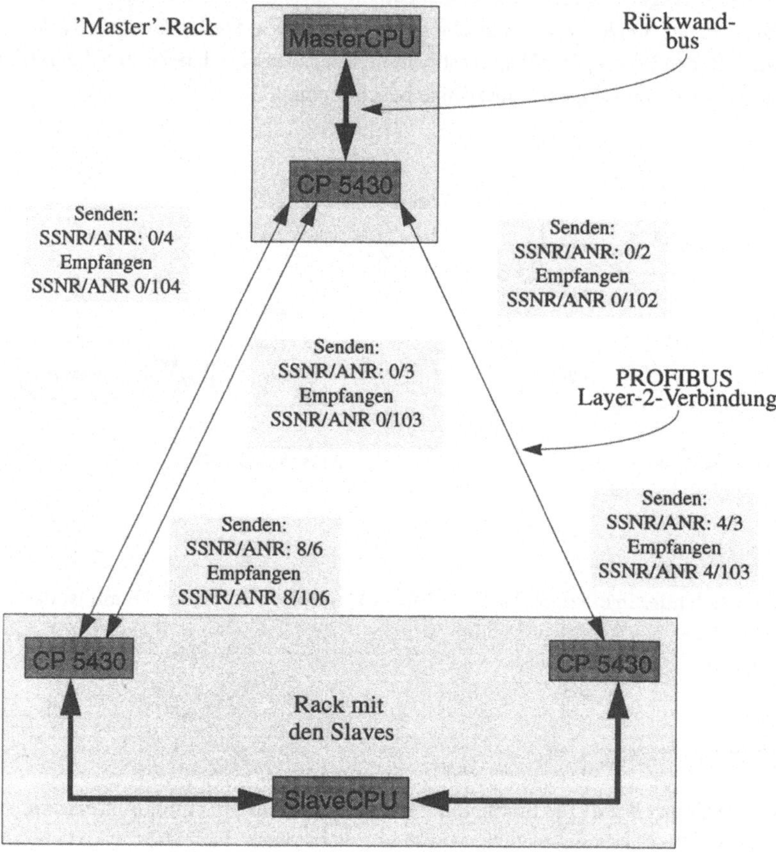

Bild 6: Schematische Darstellung eines Testaufbaus

Von besonderem Interesse waren dabei die Auswirkungen auf das Lastverhalten der Kommunikationsanschaltung, sowie auf die Zyklusdauer des AG-Programms (siehe Tabelle 7).
Mit Hilfe dieser Kenngrößen soll dem Anwender eines dezentralen Automatisierungssystems eine Möglichkeit gegeben werden, seine gewählte Konfiguration hinsichtlich seiner Leistungsfähigkeit und Reaktionsgeschwindigkeit abzuschätzen.

Anzahl der Verbindungen	Freie Kapazität im System	Freie Kapazität im Modell	Anzahl Pollzyklen pro sec im System	Anzahl Pollzyklen pro sec im Modell
keine Verbindung	100 %	100 %	0	0
eine Verbindung	62 %	68 %	44,2	51,0
zwei Verbindungen zu einem Remote-CP	48 %	52 %	34,14	37,6
zwei Verbindungen zu zwei Remote-CP's	45 %	53 %	36,25	38,2
drei Verbindungen zu zwei remote CP's	30 %	44 %	30,9	28,4

Tabelle 7: Vergleich der Simulation mit realer Messung

9 Anbindung an die Benutzeroberfläche

Unter Verwendung einer Socket-Schnittstelle unter Unix, bzw. von "Named Pipes" unter WindowsNT werden die spezifische Konfigurationsdaten, Kommandos und Simulationswerte zwischen der graphischen Oberfläche zur Modellerstellung und dem Simulationsprogramm ausgetauscht. Dabei wird eine operationellen Grammatik verwendet, welche mit dem Compiler-Compilers YACC (siehe /Comp85/) erstellt wurde.

10 Ergebnisse

In dem vorgestellten Modell wurden neben der Protokollspezifikation von PROFIBUS auch der Hard- und Software-technische Aufbau einer entsprechenden Kommunikationsanschaltung aufgenommen. Gemessene Bearbeitungszeiten der einzelnen Softwarekomponenten und des Betriebssystems wurden im Simulationsmodell berücksichtigt und ermöglichten genaue Aussagen über das Verhalten des Gesamtnetzes. Die Validierung des Modells erfolgte an exemplarischen Fallstudien.

11 Ausblick

Um die Simulation besser im Prozeßumfeld integrieren zu können, und eine bessere Akzeptanz beim Anwender zu finden, wird in einer laufenden Arbeit eine Konfigurationskomponente in das System mit aufgenommen. Diese ermittelt Busparameter, welche bei einer gegebenen Anlagenkonfiguration die vom Anwender geforderten Leistungsdaten am besten erfüllen können. Neben Simulationsläufen wird dabei auf bereits vorhandene Messungen an existierenden Anlagen zurückgegriffen.

Literatur

/Bend90/ Bender, Klaus (Hrsg.) Verf. von Marianne Katz:
PROFIBUS: der Feldbus für die Automation;
Carl Hanser Verlag, München

/Boehm93/ Böhm, Jürgen
System- und Lastmodellierung einer PROFIBUS-Kommunikationsanschaltung;
Diplomarbeit am IMMD IV, Univers. Erlangen-Nürnberg

/CNCL90/ Görg, Carmelita und Junius, Martin
Communication Network Class Library
Lehrstuhl für Kommunikationssysteme, RWTH Aachen

/Comp85/ Schreiner, A. und Friedman G.
Compiler bauen mit UNIX
Carl Hanser Verlag, München

/Laible95/ Laible, Thomas
Objektorientiertes Simulationssystem zur Leistungsanalyse von Kommunikationsanschaltungen;
Diplomarbeit am IMMD IV, Univers. Erlangen-Nürnberg

/Kirsch92/ Kirschbaum, Georg
MTK+-Bedienungsanleitung und Handbuch
Siemens AG, AUT933

/Norm89/ N.N.
PROFIBUS-Norm DIN 19245 Teil 1

Lastmessungen für Videoverkehrsquellen als Basis für eine realitätsnahe Modellierung von Echtzeit–Kommunikationssystemen

Bernd Wolfinger, Guangwei Bai
Fachbereich Informatik, Universität Hamburg
e–mail: wolfinger@informatik.uni-hamburg.de, bai@ro2.informatik.uni-hamburg.de

Kurzfassung

In innovativen Kommunikationsnetzen gewinnt die realzeit–orientierte Kommunikation zunehmend an Bedeutung. Insbesondere zur Realisierung von Audio– und Videokommunikation sind seitens des Kommunikationssystems Anforderungen an die Dienstqualität zu erfüllen, die sich auf eine Beschränkung der maximalen Verzögerung bzw. Verzögerungsschwankungen beim Austausch von Sequenzen von Dateneinheiten beziehen. Um derartigen Dienstqualitätsanforderungen gerecht werden zu können, ist eine Charakterisierung des zu erwartenden Verkehrs für Audio– und Videoquellen erforderlich, die dann als Entscheidungsgrundlage für Betriebsmittelreservierung, das Konfigurationsmanagement sowie für Leistungsprognosen genutzt werden kann. In diesem Beitrag werden Lastmessungen für den Videokomprimierungsalgorithmus MPEG präsentiert für Videosequenzen mit sehr unterschiedlicher Bewegungsintensität. Der Einfluß der gewählten Parametrisierung des MPEG–Algorithmus wird für jede der Sequenzen untersucht. Die gewonnenen Meßresultate werden entsprechenden Messungen für den DVI–Algorithmus gegenübergestellt, und es wird aufgezeigt, wie auf Basis dieser Lastmessungen realitätsnahe Modelle für MPEG–Videoquellen gewonnen werden können.

1. Einleitung

Forschungen an innovativen diensteintegrierenden Kommunikationsnetzen (KNen) und verteilten multimedialen Anwendungen spielen zur Zeit im Bereich der Telekommunikation eine zentrale Rolle. Dabei gewinnt die realzeit–orientierte Kommunikation zunehmend an Bedeutung. Wichtige Beispiele für Verkehrsarten, die ("weiche") Realzeitanforderungen an KNe stellen, sind Sprach–, Audiokommunikation und Bewegtbildübertragung in Echtzeit, z.B. im Rahmen von Dialoganwendungen. Typische Realzeitanforderungen bei der Kommunikation bestehen in der Limitierung der maximalen Verzögerung bzw. der Verzögerungsschwankungen bei der Übertragung einer Sequenz von Dateneinheiten (wie sie z.B. bei paketisierter Sprachübertragung bzw. bei dem Transfer von Folgen von Videoframes entstehen). Realzeitanforderungen sind spezielle Beispiele für Anforderungen an die Dienstqualität (*QoS: quality of service*), die an ein KN gestellt werden[Wol95]. Ein Kommunikationssystem (KS) kann derartige QoS–Anforderungen erfüllen nach "bestem Bestreben" (*best-effort*) oder aber mit "Dienstqualitätsgarantien" (*QoS–guarantees*).
Insbesondere dann, wenn QoS–Garantien seitens eines KNes gegeben werden sollen, muß die grundlegende Frage beantwortet werden, ob und wie das KS den realzeit–orientierten Anforderungen auch zukünftig noch gerecht werden kann. Diese Frage stellt sich einerseits bei Neukonfigurierung eines KNes, bei der zu entscheiden ist, welche Ressourcen (Leitungen, Prozessoren, Zwischenspeicher, etc.) bereitzustellen sind, um das KN in die Lage zu versetzen, das zu erwartende Verkehrsaufkommen zu bewältigen unter Einhaltung der zu erwartenden QoS–Anforderungen. Leistungsprognosen mittels Modellierung können als Entscheidungsgrundlage bei der Lösung des Konfigurierungsproblems für Echtzeit–KSe fungieren. Die Frage nach zukünftiger Erfüllbarkeit der realzeit–orientierten Anforderungen stellt sich indes auch während des laufenden Betriebs eines KNes, u.a. bei Verbindungsaufbauwünschen (bei denen zu entscheiden ist, ob ein Aufbauwunsch akzeptiert werden kann, ohne bereits für andere Verbindungen gegebene QoS–Garantien zu gefährden) oder bei Ausfällen von KS–Ressourcen (evtl. Umkonfigurierungsmaßnahmen im-

plizierend). Das Konfigurations- und QoS-Management, vgl. [IMI95], im Rahmen eines Netzmanagementsystems sind für die hierbei zu treffenden Entscheidungen zuständig.

Sowohl für die genannten Leistungsprognosen als auch für die Entscheidungen des Konfigurations- und Dienstqualitätsmanagements wird eine möglichst gute Charakterisierung des zukünftig zu erwartenden Verkehrs benötigt [Wol93]. Wenngleich eine derartige Prognose des Verkehrsaufkommens immer mit Unsicherheit behaftet sein muß, so können wir dennoch versuchen, den Verkehr typischer Klassen von Echtzeit-Anwendungen anhand von Messungen möglichst exakt zu charakterisieren. Auf der Basis einer derartigen Charakterisierung einzelner Verkehrsquellen ist es dann auch leichter möglich, eine präzisierte Prognose abzugeben für ein komplexes Verkehrsaufkommen, das als eine Überlagerung von Einzelquellen angesehen werden kann.

Der vorliegende Beitrag hat eine präzise Charakterisierung des Verkehrs in Echtzeit-KSen zum Ziel auf Basis von Lastmessungen für Echtzeit-Anwendungen in diensteintegrierenden KNen. Typische Verkehrsquellen für Echtzeit-KSe sind einzelne Sprachverbindungen oder Audio- bzw. Videoströme sowie deren komplexe Überlagerung in verteilten Multimedia-Anwendungen, wie Videokonferenzen, Video-on-Demand, Multimedia-E-Mail u.ä. [Ste93]. Erste Resultate zur Messung und Modellierung des Verkehrs von Echtzeit-Anwendungen in KNen wurden u.a. in [Kim93], [LPW90], [LPP94] und [PNK94] publiziert. Der vorliegende Beitrag konzentriert sich auf benutzernahe Lastmessungen für Videoverkehrsquellen bei MPEG-Komprimierung (vgl. [LeG91]). Die Lastmessungen gestatten es, realitätsnahe Modelle für Videoströme zu entwickeln.

In Abschnitt 2 wird zunächst ein Überblick über Klassen von Verkehrsquellen gegeben, wie sie in Echtzeit-KSen typisch sind. Ein grundsätzliches Procedere für die Modellierung von Verkehrsquellen (Lastmodellierung) wird eingeführt, das sich an dem in [WoK90] und [Kim93] vorgestellten Modellierungsansatz orientiert. Es wird aufgezeigt, wie Lastmessungen bei dieser Vorgehensweise Verwendung finden können und welche Anforderungen an derartige Messungen zu stellen sind. Schwerpunkt des Beitrags bilden in Abschnitt 3 und 4 Experimentserien zur realitätsnahen Charakterisierung von MPEG-Videoquellen. In Abschnitt 5 werden die für MPEG gewonnenen Resultate Lastmessungen für den DVI-Algorithmus [ThB94] grob gegenübergestellt. Der Beitrag schließt mit einer kurzen Diskussion (Abschnitt 6), wie die erzielten Lastmessungen dazu genutzt werden können, das Verkehrsaufkommen multimedialer Anwendungen mit "weichen" Realzeitanforderungen realitätsnah zu charakterisieren.

2. Verkehr in realzeit-orientierten Kommunikationssystemen

Der Wunsch nach Erfüllung von Realzeitanforderungen impliziert immer die Notwendigkeit, zu bearbeitenden Aufträgen die benötigten Betriebsmittel rechtzeitig zur Verfügung stellen zu können. Bei KSen handelt es sich bei den zu bearbeitenden Aufträgen nicht um Programme (wie z.B. in der Regel bei Prozeßrechnern) sondern um Aufträge zur Datenübertragung. Damit wird auch der Betriebsmittel-Bedarf (der Grundlage für das Scheduling in Echtzeit-KSen ist) durch diejenigen Ressourcen charakterisiert, die erforderlich sind, um den Verkehr (gegeben durch die Menge zu übertragender Dateneinheiten) zwischen kommunizierenden Benutzer- und/oder Systemprozessen auszutauschen.

Der Verkehr in diensteintegrierenden KNen hat u.a. die wesentlichen Eigenschaften, daß

- innerhalb der Protokollhierarchie [Tan89] eine Transformation der auszutauschenden Benutzerdaten stattfindet (Beispiele: Transfer einer Datei als Sequenz von *X.25*-Paketen oder Videokommunikation mittels Übertragung von ATM-Zellen);
- der Gesamtverkehr sich aus einer Überlagerung verschiedener Verkehrsströme ergibt (z.B. Sprach-, Fax- oder Datenkommunikationsverbindungen bei ISDN [Tan89]).

Damit ist für eine Charakterisierung des Verkehrs in KNen besonders wichtig zu spezifizieren,

- an welcher Schnittstelle der Verkehr charakterisiert werden soll, und
- ob der Verkehr einer einzelnen Verbindung (vgl. Einzelquellen s.u.) oder ein komplexer Überlagerungsverkehr charakterisiert werden soll.

In diesem Beitrag beschränken wir uns auf eine Charakterisierung von Einzelquellen. Einzelquellen können folgende Arten von Verkehr produzieren:

- *stromartigen Verkehr* (z.B. bei Sprach- oder Bewegtbildübertragung)
- *Generierung einzelner*, unabhängig voneinander, zu übertragender *Datenobjekte* (z.B. Dateien oder E-Mails).

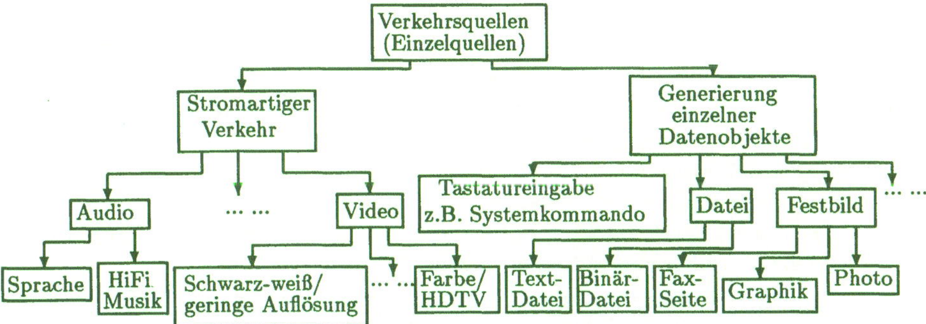

Abb.1 Klassifikation von Einzelquellen zur Strukturierung von Lastmessungen/ -modellierungen für Echtzeit-Kommunikationssysteme

Abb.1 zeigt eine verfeinerte Klassifikation für Typen von Einzelquellen, die benutzt werden können, um den Gesamtverkehr zu modellieren, wie er benutzerseitig an ein diensteintegrierendes KN zur Übertragung übergeben werden kann. Zu beachten ist, daß die durch uns gegebene Klassifikation zwar die gegenwärtig wichtigsten Typen von Einzelquellen abdeckt, ohne indes einen Anspruch auf Vollständigkeit erheben zu wollen.

Eine weitere Verfeinerung der Klassifikation aus Abb.1 resultiert daraus, daß für jede Klasse von Einzelquellen (EQ) zu berücksichtigen ist

- die Art der Codierung des EQ-Verkehrs, z.B. bei Sprache (PCM versus differentielles PCM, vgl. [Tan89]) oder bei Video (MPEG, DVI o.ä.);
- der Anwendungsbereich, z.B. mit evtl. starkem Einfluß auf Dateilängen bei Dateitransfer;
- die gewählte Schnittstelle, an der der EQ-Verkehr betrachtet wird (z.B. Videosequenz vor oder nach Komprimierung).

Bislang durchgeführte Lastmessungen und -modellierungen beziehen sich in erster Linie auf Einzelquellen zur Generierung einzelner Datenobjekte, wie sie bei Datenkommunikation typisch sind (vgl. u.a. [JaR86]) sowie auf Sprachverkehr (vgl. u.a. [DaL86]). Auch Überlagerung von Sprach- und Datenkommunikation wurde modelliert (vgl. u.a. [Kim93]).

In jüngerer Vergangenheit wurden verstärkt auch Lastmodellierungen für Videoverkehr durchgeführt. Beispiele hierfür sind [MAS88], [Ens94], [SSD93], [LPP94], [ThB94] etc. Die bisherigen Lastmodelle für Videoverkehr sind i.a. nur eingeschränkt realitätsnah durch den Versuch, die Modelle für eine analytische Auswertbarkeit hinreichend zu restringieren. Überdies wurde für die Modellierungen bislang zumeist der Komprimierungsalgorithmus, incl. seiner Parametrisierung, konstant gehalten.

Die in der Folge durch uns präsentierten Lastmessungen beziehen sich ebenfalls auf Videoverkehr, da die für diese Verkehrsart bislang existierenden Lastmessungen und Lastmodelle aus unserer Sicht mit noch (zu) starken Limitationen behaftet sind. Darüber hinaus ist zu erwarten, daß der relative Anteil von Videoverkehr am Gesamtverkehrsaufkommen, das durch Echtzeit–Anwendungen in KNen generiert wird, in der Regel sehr groß sein wird. Daher erscheint uns eine möglichst präzise Modellierung gerade für Videoquellen als eine ganz zentrale Aufgabe bei der Lastmodellierung für innovative KNe.

Unsere in den nachfolgenden Abschnitten dargestellten Experimentserien für Lastmessungen beziehen sich ausschließlich auf Videoeinzelquellen. Als Komprimierungsalgorithmus wird MPEG vorausgesetzt (bedingt auch DVI). Die untersuchten Videoströme werden generell direkt nach ihrer MPEG–(oder DVI–)Codierung betrachtet, d.h. ehe sie z.B. durch das KS zum Zweck ihrer Übertragung weiter transformiert werden. Ein zentrales Ziel unserer Experimente besteht darin, daß wir Lastmodelle für Videoeinzelquellen anstreben, die die wesentlichen Merkmale der Lastmessungen berücksichtigen.

Im Hinblick auf die Lastmodellierung halten wir uns an das in [WoK90] und [Kim93] eingeführte Procedere mit folgenden Hauptschritten:

- *Schritt 1:* Dekomposition eines zu modellierenden KNes in ein Systemmodell *SM* und ein Umgebungsmodell *UM* mit wohldefinierter Schnittstelle
  ⟶ hier: gewählte *SM/UM*–Schnittstelle zur Übergabe von Videoströmen an das Netz direkt nach ihrer Komprimierung (mittels MPEG oder DVI).
- *Schritt 2:* Wahl des angestrebten Detaillierungsgrades für System– und Umgebungsmodell sowie für die Interaktionen an der *SM/UM*–Schnittstelle
  ⟶ hier: *UM* insbesondere als Quelle von Videosequenzen betrachtet.
- *Schritt 3:* Spezifikation der grundsätzlich möglichen Interaktionen zwischen dem KN (modelliert durch *SM*) und seinen Benutzern (modelliert durch *UM*)
  ⟶ hier: Interaktionen resultierend aus Übergabe zu übertragender (sendeseitig) bzw. angekommener (empfangsseitig) Videoframes.
- *Schritt 4:* Spezifikation der tatsächlich stattfindenden Interaktionen zwischen *UM* und *SM*
  ⟶ hier: Spezifikation der Übergabezeitpunkte sowie der Längen der übergebenen Frames.

Wichtige Bedingungen, die ein Lastmodell erfüllen sollte, das das Verkehrsaufkommen seitens Echtzeit–Anwendungen in KNen modelliert, sind:

- (B1) *Repräsentativität*, d.h. Lastmodell ist angemessene Verallgemeinerung für eine relativ große Menge von Einzelbeobachtungen (z.B. für Video–EQs);
- (B2) *Realitätsnähe*, d.h. die wesentlichen Eigenschaften einer einzelnen (Video–)Verkehrsquelle sind im Hinblick auf den angestrebten Nutzen des Lastmodells hinreichend präzise berücksichtigt;
- (B3) evtl. zusätzlicher Wunsch, das Lastmodell im Rahmen eines *analytisch auszuwertenden* Gesamtmodells nutzen zu können.

Unser Bestreben nach Unterstützung von Schritt 4 im Lastmodellierungs–Procedere sowie Berücksichtigung der Anforderungen (B1) und (B2) an ein Lastmodell implizierte folgende Restriktionen und Vorgaben für die durch uns durchgeführten Video–Lastmessungen:

- Untersuchung, inwieweit Lastmessungen für Video–EQs abhängig sind von den speziellen Eigenschaften des einzelnen Stroms (z.B. der strominhärenten Bewegungsintensität);
- Versuch einer möglichst geringen Abstraktion von den erhaltenen "Rohdaten" einer Lastmessung bei deren statistischer Auswertung und Aufbereitung;

- Konzentration auf die Längen der Videoframes nach Codierung, da die Übergabezeitpunkte im wesentlichen durch die gewählte Bildwiederholfrequenz festgelegt sind (zumindest bei Codierung der Videosequenz in Realzeit).

3. Lastmessungen zur Charakterisierung MPEG–codierter Videoströme

3.1 Experimentplanungen

Bei den Experimentserien sind wir bestrebt, Videolastquellen mit sehr unterschiedlicher Bewegungsintensität in der Szene zu betrachten. In [ThB94] wurden fünf Klassen von Videolastquellen nach aufsteigender Bewegungsintensität in der Szene unterschieden:

- *no motion:* Keine Bewegungen in der Szene (z.B. Aufnahme von Standbildern),
- *low motion:* Minimale Bewegung in der Szene (z.B. Brustbild einer sitzenden und sprechenden Person, wie bei Bildtelefon),
- *medium motion:* Mittlere Bewegung in der Szene (z.B. Gruppe von sitzenden und sprechenden Personen, wie bei Videokonferenzen typisch),
- *high motion:* Kontinuierlich hohe Bewegung in der Szene (z.B. Sportaufnahmen oder Spielfilmszenen mit viel Bewegung),
- *scene changes:* Videosequenzen mit häufigen Szenenwechseln (z.B. TV–Werbung).

In den nachfolgend dargestellten Experimenten wurde Verkehr der beiden Klassen "*low motion*" und "*high motion*" exemplarisch ausgewählt, um ein möglichst breites Spektrum von Bewegungsintensität in der Szene abzudecken. Zum Erreichen der in Abschnitt 2 genannten Experimentierziele gehen wir bei den Lastmessungen wie folgt vor: zwei durch Einzelquellen generierte typische Videoströme (zum einen Videotelefon, zum anderen Sportaufnahmen) werden 1. aufgenommen, 2. digitalisiert, 3. komprimiert, und schließlich 4. statistisch analysiert.

3.2 MPEG–Komprimierungsalgorithmus

Der MPEG(*Motion Pictures Expert Group*)–Algorithmus ist ein allgemein anerkannter Videokomprimierungsstandard [LeG91]. Wir wollen hier nur einen kurzen Überblick über MPEG geben. Die Struktur des MPEG–Algorithmus ist hierarchisch. Sie bezieht sich auf eine Codierung auf den Ebenen "Block", "Macroblock", "Slice" und "Picture". Wegen der Konfliktanforderungen an den Komprimierungsfaktor und den angestrebten flexiblen Zugriff auf einzelne Videoframes wurde als Kompromißlösung bei MPEG eine Kombination aus Intra– und Interframecodierung verwandt. Bei Interframecodierung werden die zeitliche und räumliche Redundanz durch eine Bewegungskompensation und DCT (*Discrete Cosine Transform*) reduziert. Drei Arten von Frames sind definiert: I–Frame (*intraframe*), P–Frame (*predictive*), und B–Frame (*interpolative*). I–Frames sind ohne Referenz auf andere Frames codiert. Die Interframes (P– und B–Frames) erreichen durch Bewegungskompensation einen größeren Komprimierungsfaktor [ISO93]. Die drei Arten der Frames sind in einem sogenannten GOP (*Group of Picture*) organisiert, dessen Struktur mittels zweier Parameter N und M festgelegt wird, wobei N das Intervall zwischen I–Frames angibt, und M den Abstand zwischen I– und P–Frames. Es gibt genau einen I–Frame in jeder GOP. Als ein Beispiel ergibt sich mit den Parametern $N = 6, M = 3$ für die Struktur von GOP: IBBPBB, IBBPBB, ... Die Auswahl des Codierungsmusters übt einen starken Einfluß aus auf die Leistungsfähigkeit des MPEG–Algorithmus.

3.3 Die analysierten Videoströme

Sämtliche Experimentserien dieses Abschnitts beziehen sich auf einen der beiden folgenden Videoströme:

A. Videostrom I (V1)

Ein Videostrom von einer sitzenden und sich bewegenden Person wurde aufgenommen.

- Videoquelle: Kamera mit Bildauflösung von 240×192 Pixels;
- Digitalisierungsformat: RGB (mit 24 Bits pro Pixel, je 8 Bits für R, G, B);
- Komprimierungsalgorithmus: MPEG.

Bei MPEG ist ein Frame in Slices, Macroblöcke und Blöcke eingeteilt. Die Videosequenz V1 besteht aus 500 Frames, ein Frame aus 12 Slices, und ein Slice aus 16 Videozeilen.

B. Videostrom II (V2)

Der Videostrom II (Bildauflösung: 352×240 Pixels) entspricht einem Ausschnitt aus einem Eishockey–Spiel. Das Kameraobjektiv bewegt sich mit dem Eishockey–Puck. In den Szenen kämpfen Sportler auf dem Spielfeld miteinander um den Puck. Die Sequenz wurde nach MPEG komprimiert.

3.4 Experimentserien

Als Grundlage für jedes Meßexperiment wurden die folgenden Meßgrößen verwendet: Frame– und Slicegröße, sowie Autokorrelation der Größen. Wie oben erwähnt, spiegeln Frame– und Slicegröße von MPEG–Videosequenzen direkt die Inhalte und Veränderungen von Szenen wider, deshalb spielen sie bei der Charakterisierung von Videoverkehr eine große Rolle. Wegen der Bewegungskontinuität existiert eine starke Korrelation zwischen rasch aufeinanderfolgenden Videoszenen, die ihrerseits eine starke Autokorrelation zwischen den Größen von aufeinanderfolgenden Frames in MPEG–Sequenzen bewirkt. Aus diesem Grund kommt der Autokorrelation dieser Größen besondere Bedeutung zu.

Die Videosequenzen V1,V2 wurden gemäß MPEG–1 mit verschiedenen Kodierungsmustern mit unterschiedlicher Parametrisierung (vgl. N, M-Wertekombinationen in Tab.1) komprimiert. Daraus ergeben sich die unterschiedlichen Framesequenzen. Diese Resultate zeigen bereits, daß sowohl für V1 als auch für V2 bei $N = 6, M = 3$ der größte Komprimierungsfaktor erreicht wird (vgl. Tab.1).

4. Statistische Aufbereitung und Interpretation der Meßresultate für MPEG

4.1 Statistik über Framegrößen

Die Abb.2 und 4 zeigen die Variationen bei den Framegrößen von V1 und V2 für die gewählten Codierungsmuster. Daraus kann man entnehmen, daß sich die Framegröße bei der Sequenz mit P– und B–Frames stärker verändert, d.h. eine größere Varianz besitzt. Die maximale Framegröße tritt nahezu immer bei I–Frames auf, und B–Frames sind immer kleiner als I– und P–Frames. Die Ursache dafür liegt darin, daß I–Frames unabhängig von anderen Frames kodiert werden. Die Größe von I–Frames hängt vom Bildinhalt ab. P–Frames sind normalerweise mit Bewegungskompensation kodiert. Im Vergleich zu I–Frames besitzen die P–Frames einen größeren Komprimierungsfaktor. Wenn es jedoch einen großen Unterschied zwischen dem gegenwärtigen P–Frame und den vorangegangenen I– und P–Frames gibt, wird dieses P–Frame gemäß Intraframe–Muster codiert, wie auch bei I–Frames. Die Codierungen von B– und P–Frames sind ähnlich. Der Unterschied liegt darin, daß bei der B–Framecodierung nicht nur der vorangegangene sondern auch der zukünftige Bewegungsvektor verwandt wird. Wegen der größeren Referenzinformation besitzen die B–Frames den größten Komprimierungsfaktor. Beim Muster mit reinen Intraframes ($N = 1, M = 1$) ist die starke Veränderung der Framegröße auf Szenenveränderungen zurückzuführen. Obwohl diese Szenenveränderungen auch einen Einfluß auf eine Veränderung der Framegröße beim gemischten Muster ausüben, wird dies häufig durch den periodischen Intraframecodierungsprozeß verdeckt. Der Vergleich von Abb.2 und 4 zeigt deutlich, daß der Größenunterschied zwischen *Intra–* und *Interframes* bei V1 viel größer ist als der bei V2 als Implikation der unterschiedlichen Bewegungsintensitäten in V1 und V2. Dieser Schluß wird auch durch die folgende Untersuchung der verschiedenen Abschnitte von V1 bestätigt. Um GOPs genauer zu studieren, wurden von uns exemplarisch die ersten 4 GOPs der Sequenz V1 ausgewählt und genauer analysiert. Abb.3 zeigt die Frameveränderung von GOP1 bis GOP4. In der Bildsequenz von GOP1 gibt es fast keine Bewegung. Von GOP1 bis GOP4 verstärkt sich die Bewegung in der Szene. Der Größenunterschied zwischen I-Frames und P- oder B-Frames nimmt mit der Bewegungsverstärkung ab.

Tab.1 enthält die statistischen Daten hinsichtlich Framegrößen. Bei $N = 6, M = 3$ wurden die kleinsten mittleren Framegrößen (V1,V2) erreicht, jedoch bei größter Standardabweichung.

Parameter	Gesamte Sequenzgröße [Byte]		Framegrößenstatistik [Bit]					
			Mittelwert		Standardabweichung		max. Wert	
	V1	V2	V1	V2	V1	V2	V1	V2
N=1, M=1	2415852	3912948	38025.06	110927.40	1486.74	13017.85	42137	122811
N=4, M=1	2276060	3767116	35824.51	99747.34	2577.70	15987.35	41768	144333
N=6, M=3	2132408	3714548	33607.06	99015.31	3773.77	17076.85	42443	146375
N=6, M=6	2212148	3836104	34885.88	103325.67	2760.96	16882.87	42220	154491

Tab.1 Komprimierte Sequenz- und Framegrößenstatistik für V1 und V2

Aus den vorstehenden Analysen ergibt sich die Konsequenz, daß der Grundwert der Framegröße abhängig von dem Bildformat (Auflösung) und der Bitanzahl pro Pixel ist, und daß die Framegröße bei VBR-Videosequenzen je nach Komprimierungsmuster und Szenenveränderung (Bewegung und Szenenwechsel) stark unterschiedlich ist.

Die Abb.5 und 6 zeigen die Histogramme der Framegrößenverteilungen für V1 und V2. Es fällt auf, daß die Längenverteilungen annähernd einer Normalverteilung folgen. Bei dem Muster $N = 6, M = 3$ bei V1 und $N = 1, M = 1$ bei V2 gibt es jedoch zwei "Spitzen".

4.2 Autokorrelation der Framegröße

Die *Autokorrelation* des Verkehrsprozesses ist eine der wichtigen Charakteristiken bei Videoverkehr mit variabler Bitrate (*VBR, variable bit rate*). Der Verkehrsprozeß ist durch einen stochastischen Prozeß charakterisiert. Die Charakteristik des Videoverkehrs ist stark abhängig von der Bewegung in den Bildern. Durch die Beobachtung der Videosequenz kann man entnehmen, daß eine Bewegung typischerweise für einen Zeitraum andauert, in dem mehr als ein Videoframe erzeugt wird. Wenn der k-te Frame relativ groß ist, so ist es wahrscheinlich, daß der (k+1)te Frame, (k+2)te Frame, ... auch relativ groß sind. Die Zustände des Verkehrsprozesses zu den Zeitpunkten $t_k, t_{k+1}, t_{k+2}, \ldots$ sind demnach korreliert, d.h. der stochastische Prozeß, der den VBR-Videoverkehr charakterisiert, hat Autokorrelation. Viele Forschungsergebnisse darüber finden sich in der Literatur([Ens94], [LPP94], [PaZ94]). Die bisherigen Untersuchungen bestätigen die Wichtigkeit der Autokorrelation zur Charakterisierung des Verkehrsaufkommens von Videoquellen.

Die Abb.7 (a)-(d) zeigen die Autokorrelation der Framegrößen. Beim Muster mit I- und P-Frames ((c),(d)) passieren "Impulse" immer bei den I-Frames. Es bestätigt sich, daß die Autokorrelation der Interframes nebensächlich ist, aber die der Intraframes wichtig. Wie oben erwähnt, gibt es von Frame 1 bis 6 (GOP1) sehr wenig Bewegung in der Szene. Ab Frame 7 nimmt die Bewegung an Stärke zu. Nach den Abbildungen ist festzustellen, daß sich die Dauer der Autokorrelation mit Bewegungsverstärkung verlängert.

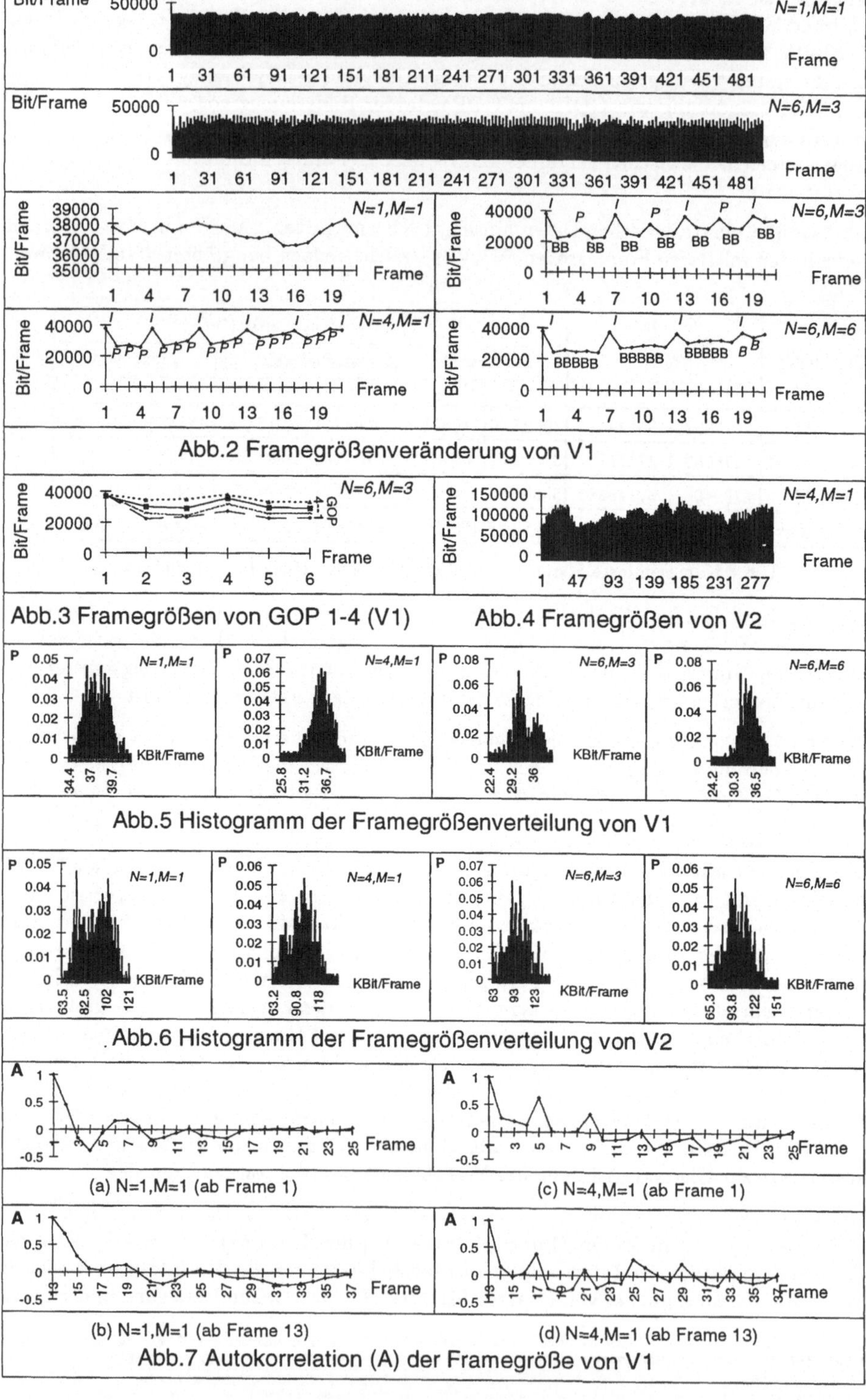

Abb.2 Framegrößenveränderung von V1

Abb.3 Framegrößen von GOP 1-4 (V1)

Abb.4 Framegrößen von V2

Abb.5 Histogramm der Framegrößenverteilung von V1

Abb.6 Histogramm der Framegrößenverteilung von V2

(a) N=1,M=1 (ab Frame 1)

(c) N=4,M=1 (ab Frame 1)

(b) N=1,M=1 (ab Frame 13)

(d) N=4,M=1 (ab Frame 13)

Abb.7 Autokorrelation (A) der Framegröße von V1

4.3 Statistik und Autokorrelation der Slicegrößen

Ein Slice, der einem horizontalen Streifen innerhalb eines Frames entspricht, ist eine Grundverarbeitungseinheit bei MPEG. Nur wenn alle Pixels für ein Slice verfügbar sind, kann eine Codierungsoperation von dazu gehörenden Blöcken und Macroblöcken erledigt werden. Ein Slice ist eine autonome Einheit wegen Unabhängigkeit der Codierung eines Slices von seinen "Nachbarn". MPEG-Codierung basiert auf Slices als den kleinsten Einheiten zur Bearbeitung. Es ist zu erwarten, daß MPEG-Videoverkehr durch ein Modell auf Slice-Ebene besser zu charakterisieren ist.

Abb.8 zeigt die Slicegrößenveränderung von V1. Beim Komprimierungsmuster mit reinen Intraframes ($N = 1, M = 1$) fällt auf, daß sich die Slicegröße nahezu periodisch alle 12 Slices verändert, was darauf zurückzuführen ist, daß ein Frame aus 12 Slices besteht. Andererseits verändert sich mit der Zeit der Inhalt der Szene (wegen der Bewegung), was auch zur Slicegrößenveränderung führt. Deshalb verändert sich die Slicegröße in größeren Zeiträumen auch je nach Bewegung in der Szene. Beim gemischten Komprimierungsmuster verändert sich die Slicegröße bei Intraframes genau wie die beim Muster mit reinen Intraframes, jedoch mit Periodizität $12 \times N$. Die Größe bei Interframes ist wesentlich von der Bewegung in der Szene abhängig.

Die Histogramme der Slicegrößenverteilungen für V1 und V2 besitzen starke Ähnlichkeit zu den Histogrammen für die Framegrößen (Abb.5, 6). Sie sind deshalb hier nicht dargestellt.

Abb.9 zeigt die Autokorrelation der Slicegrößen bei zwei der analysierten Muster. Die periodischen Veränderungen bestätigen, daß eine sehr starke Autokorrelation zwischen entsprechenden Slicegrößen in aufeinander folgenden Frames existiert. Im Vergleich zu den Frames erstreckt sich deshalb eine hohe Autokorrelation der Slicegröße über einen viel längeren Zeitraum.

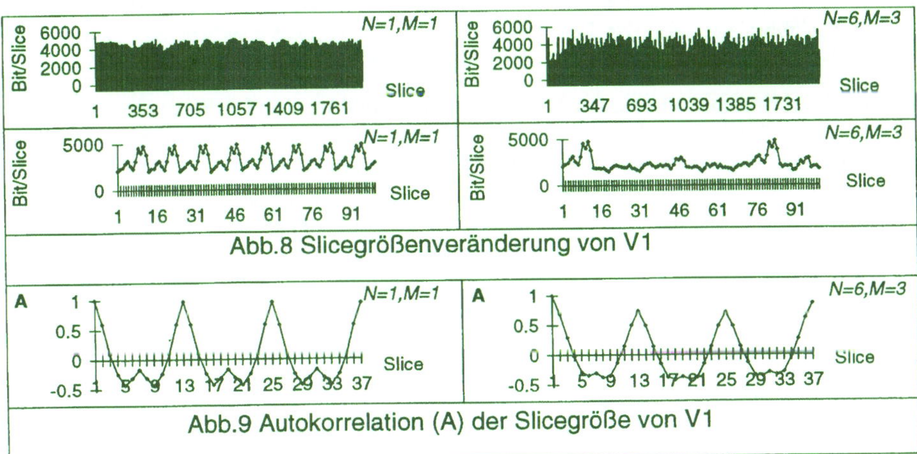

Abb.8 Slicegrößenveränderung von V1

Abb.9 Autokorrelation (A) der Slicegröße von V1

5. Gegenüberstellung von Lastmessungen für MPEG und DVI

DVI (*Digital Video Interactive*) ist eine Videokomprimierungstechnologie mit zugrundeliegendem Algorithmus RTV 2.0 (*Real Time Video*). Das *ActionMedia II*-System, das DVI unterstützt, wurde 1992 von *Intel* entwickelt (vgl. [Ste94][IBM92]).

Lastmessungen für Videoverkehrsquellen unter Voraussetzung von DVI finden sich in [ThB94]. Bei den Messungen wurden Videoquellen nach der oben genannten Lastklassifikationsweise (vgl. Abschnitt 3.1) unterschieden und Videoströme für jede Klasse nach DVI mit unterschiedlichen Parametrisierungen komprimiert. Bei RTV 2.0 werden *Intraframe* und *Interframe* definiert. Die Auftrittsfrequenz von *Intraframes* hängt von einem Parameter N ab. Die Verteilungen der Bitrate für jede Videoquelle (mit dem Parameterwert $N = 25$) und die zeitlichen Veränderungen der Framegrößen wurden untersucht. Die Meßergebnisse zeigten, daß bei den Videoquellen mit relativ geringem Bewegungsanteil in der Szene und jeweils dem gleichen Wert für N ein ähnliches Verhalten der Videosequenzen, ein großer Unterschied zwischen *Intra-* und *Interframe*größen, zu beobachten war, ähnlich wie bei den MPEG-Sequenzen unseres Beitrags. Des weiteren erhöht sich die Streuung um die mittlere Größe von *Intra-* und *Interframes* mit steigendem Anteil an Bewegung in der Szene. Die Abweichung der *Intra-* und *Interframe*größen nimmt mit steigender Bewegungsintensität ab, wie auch bei den von uns gewählten MPEG-Sequenzen beobachtet.

6. Resümee und Ausblick

Lastmessung ist wichtige Grundlage für eine realitätsnahe Lastmodellierung. In dieser Arbeit wurden Lastmessungen und statistische Analysen auf Frame– und Slice–Ebene für MPEG–Videoverkehr durchgeführt und wesentliche Verkehrscharakteristiken untersucht. Aus Platzgründen konnte hier nur eine kleine Auswahl der durch uns durchgeführten Messungen präsentiert werden, die weiteren Messungen stützen indes die von uns gezogenen Schlußfolgerungen. Aus unseren Studien ergab sich u.a. sehr deutlich, daß die Grundwerte der Frame– und Slicegrößen abhängig von Bildformat (Auflösung) und Bitanzahl pro Pixel sind. Des weiteren beobachteten wir, daß starke Schwankungen der Framegrößen existieren, die einerseits abhängig sind von dem gewählten Komprimierungsmuster und andererseits von den Szenenveränderungen (Bewegungsintensität und Szenenwechsel). Im Vergleich dazu verändert sich die Slicegröße im wesentlichen nahezu periodisch. Die Frame– und Slicegrößenverteilungen folgen annähernd einer Normalverteilung. Die Autokorrelation der Interframes bei $N = 4, M = 1$ (Verzicht auf B–Frames) ist weitgehend vernachlässigbar, aber die der Intraframes wichtig. Bei Slices existiert eine sehr starke Autokorrelation zwischen entsprechenden Slicegrößen in aufeinanderfolgenden Frames.

Basierend auf den oben genannten Ergebnissen kann in sehr direkter Weise ein künstlicher Lastgenerator für MPEG–Videoquellen unter Berücksichtigung der gewählten MPEG–Parametrisierung entwickelt werden. Zur Gewinnung eines Lastgenerators für eine MPEG–Einzelquelle kann man, entsprechend dem in [ThB94] vorgeschlagenen Procedere, für die I–, P– und B–Frames drei Zustände definieren, die eineindeutig den Typ des nächsten zu generierenden Frames berücksichtigen, nämlich I, P, B. Die Übergänge zwischen den Zuständen sind abhängig von den Parametern N und M, und das Verhalten in jedem Zustand wird geprägt durch die gemessenen Charakteristiken geeigneter Videosequenzen der entsprechenden Bewegungsklasse (Framegrößenverteilung bzw. Autokorrelation). Eine Voraussetzung zur Entwicklung eines Lastgenerators für eine Komplexquelle ist dann eine Charakterisierung von Überlagerungsverkehr, z.B. gemäß des Proceders zur Charakterisierung der Überlagerung von Daten– und Sprachkommunikation in [Kim93]. Zur formalisierten Beschreibung der resultierenden Lastgeneratoren können u.a. *erweiterte Petri-Netze* (vgl.[MaW94]) oder *erweiterte Automaten* (vgl.[Kim93]) herangezogen werden.

VBR–Videoverkehr stellt eine komplizierte Verkehrsart dar. Überdies berühren Videoanwendungen weite Bereiche, wobei die charakteristischen Merkmale von Videoquellen sehr unterschiedlich sein können, wie unsere Resultate zeigen. Daraus ergibt sich die Notwendigkeit der Verwendung verschiedenartiger Verkehrsmodelle in Abhängigkeit von Bewegungsintensität und gewähltem Codierungsalgorithmus. Unsere Lastmessungen zeigen, daß gerade die Intensität der Bewegung in der Szene einer der wichtigen Faktoren ist, die einen großen Einfluß auf die Charakteristik von Videoverkehr ausüben. Konkretere quantitative Kriterien sind noch nötig zur Klassifikation gegebener Videoquellen. Unsere Untersuchungen zeigen, daß bei gemischtem Komprimierungsmuster der Framegrößenunterschied zwischen Intra- und Interframes stark abhängig von der Bewegungsintensität in der Szene ist. Je stärker die Bewegung ist, desto kleiner ist indes der Unterschied.

Literatur

[DaL86] J.N.Daigle, D.Langford: **Models for Analysis of Packets Voice Communication Systems**, *IEEE J. on Sel. Areas in Comm., Vol.SAC-4, No.6 (1986), 847-855*

[Ens94] J. Enssle: **Modelling and Statistical Multiplexing of VBR MPEG Compressed Video in ATM Networks**, *Inst. of Commun. Switching and Data Technics, Uni. Stuttgart (1994)*

[IBM92] **ActionMedia II Developer's Toolkit:** *(a) Application Programmer's Guide, June 1992, Part No. 10G2990* sowie *(b) Technical Reference, June 1992, Part No. 04G5144*

[IMI95] A.Iwata, N.Mori, C.Ikeda et al.: **ATM Connection and Traffic Management Schemes for Multimedia Internetworking**, *C. ACM, Vol.38, No.2 (1995), 72-89*

[ISO93] International Standard ISO/IEC 11172: **Information technology – Coding of moving pictures and associated audio for digital storage media at up to about 1.5 Mbit/s** – *Part 2: Video, 1993-08-01*

[JaR86] R.Jain, S.A.Routhier: **Packet Trains – Measurements and a new Model for Computer Network Traffic**, *IEEE J. on Sel. Areas in Comm., Vol.SAC-4, No.6 (1986), 986-995*

[Kim93] J.J.Kim: **Formale Lastbeschreibung und eine Methode zur Lastmodellierung für innovative Kommunikationssysteme**, *Dissertation, Fachbereich Informatik, Uni. Hamburg(1993)*

[LeG91] D.Le Gall: **MPEG – A Video Compression Standard for Multimedia Applications**, *C. ACM: Special Issue on "Digital Multimedia Systems", Vol.34, No.4 (1991), 46-58*

[LPP94] A.A.Lazar, G.Pacifici, D.E.Pendarakis: **Modeling video sources for real-time scheduling**, *ACM Multimedia Systems, Vol.1, No.1 (1994), 253-266*

[LPW90] A.A.Lazar, G.Pacifici, J.S.White: **Real-Time Traffic Measurements on MAGNET II**, *IEEE J. on Sel. Areas in Comm., Vol.SAC-8 (1990), 467-483*

[MaW94] J.Magott, B.Wolfinger: **Formal Description Technique to Support Load Modelling for Innovative Communication Systems**, *Applied Mathematics and Computer Science Journal, Vol.4, No.4 (1994), 605-633*

[MAS88] B.Maglaris, D.Anastasiou, P.Sen: **Performance models of statistical multiplexing in packet video communications**, *IEEE Trans. on Communic., Vol.36, No.7 (1988), 834-844*

[PaZ94] P.Pancha, M.El.Zarki: **MPEG Coding For Variable Bit Rate Video Transmission**, *IEEE Comm. Magazine, Vol.32, No.5 (1994), 54-66*

[PNK94] H.G.Perros, A.A.Nilsson, H.-C. Kuo: **Analysis of Traffic Measurements in the Vistanet Gigabit Networking Testbed**, *in: S.Fdida(ed.): Proc. High Performance Networking, IFIP Transactions, C-26, North-Holland (1994), 315-325*

[SSD93] P.Skelly, M.Schwartz, S.Dixit: **A Histogram-Based Model for Video Traffic Behavior in an ATM Multiplexer**, *IEEE/ACM Trans. on Networking, Vol.1, No.4 (1993)*

[Ste93] R.Steinmetz: **Multimedia-Technologie: Einführung und Grundlagen**, *Springer (1993)*

[Ste94] R.Steinmetz: **Data compression in multimedia computing – standards and systems**, *ACM Multimedia Systems, Vol.1, No.5 (1994), 197-204*

[Tan89] A.Tanenbaum: **Computer Networks**, *Prentice-Hall (1989)*

[ThB94] R.R.Thomys, L. Bräuer: **Messungen für Videoverkehr als Basis für Lastmodelle**, *in: B.Wolfinger(Hrsg.): Innovationen bei Rechen- und Kommunikationssystemen, Informatik aktuell, Springer-Verlag (1994), 204-210*

[WoK90] B.Wolfinger, J.J.Kim: **Load measurements as a basis for modeling the load of innovative communication systems with service integration**, *Proc. of The Second IEEE Workshop on Future Trends of Distributed Computing Systems, Kairo 1990*

[Wol93] B.Wolfinger: **Analyse, Optimierung und Performance-Management von Kommunikationsnetzen und verteilten Anwendungen**, Proc. *NETWORKS'93*, Online (Mainz, 1993)

[Wol95] B.Wolfinger: **Kommunikationsnetze für verteilte multimediale Anwendungen: Status und Trends**, ONLINE'95 (Hamburg, 1995)

Intervallbasierte Übertragungssteuerung für Echtzeitdatenströme

Christian Dünkel, Dietrich Reschke

Technische Universität Ilmenau
Institut Praktische Informatik
Fachgebiet Telematik
98693 Ilmenau
e-mail: {duenkel, reschke}@prakinf.tu-ilmenau.de

Zusammenfassung Die Nutzung von Steuerintervallen in asynchronen bzw. paketvermittelnden Übertragungssystemen ermöglicht die zeitgerechte Übertragung von Echtzeitdatenströmen. Um Intervalle für die Echtzeitübertragung zu nutzen, müssen die Netzwerkknoten Synchronisationsbedingungen sichern können.
Steuerintervalle eignen sich nicht nur zur netzknoteninternen Regulierung des Übertragungszeitverhaltens, sondern auch zur Adaption der zeitabhängigen Datenstromparameter in den Netzwerkknoten.

1 Einleitung

Verteilte Multimediaanwendungen dienen nicht nur der Verbreitung und Präsentation von Informationen, sondern sollen interaktive Kommunikationsbeziehungen zwischen Nutzern und zwischen Nutzern und Anwendungssystemen unterstützen. Die Übertragung von Datenströmen unterliegt Zeit- und weiteren Dienstgüteanforderungen, deren Einhaltung die Einsetzbarkeit der Multimediaanwendungen - z.B. für Online- Konferenzen und verteilte Unterstützungssysteme für kooperatives Arbeiten (CSCW) - bestimmen.
Um Zeitforderungen der Anwendungen bei der Übertragung in asynchronen bzw. paketvermittelnden Übertragungssystemen zu berücksichtigen, werden verschiedene Wege beschritten.

- Herkömmliche Kommunikationsprotokollfamilien (TCP/IP) werden mit Protokollen erweitert (RTP), um Zeit- bzw. Synchronisationsinformationen, denen die mitgeführten Nutzdaten unterliegen, zu übermitteln. Damit bleiben vorhandene Übertragungssysteme weiterhin nutzbar. Ihre nicht für Echtzeitübertragungen ausgelegte Best-Efford- Übertragungscharakteristik kann anwendungsseitig teilweise kompensiert werden, wenn das Netzwerk in der Lage ist, das Datenaufkommen der Anwendungen zu verkraften [5].
- Zusätzlich zu Zeitinformationen werden Mechanismen und Protokolle zur Ressourcenreservierung eingeführt (z.B. ST-II). Damit können mit bestehender Übertragungstechnologie statistische Zusagen für die Einhaltung der Dienstgüteanforderungen der Echtzeitanwendungen gegeben werden [6].

– Um deterministisch Zeitforderungen zu garantieren, sind neben Ressourcenreservierung tiefgreifende Veränderungen der Übertragungstechnologien notwendig. Selbst ATM ist ohne neue Switcharchitekturen und Übertragungssteuerverfahren (Protokolle) unzureichend geeignet, Echtzeitverkehr mit hohen Übertragungsanforderungen zu unterstützen [8].

Während die Herangehensweisen im ersten Weg Auswirkungen auf die Transportschichtebene und die im zweiten Weg Auswirkungen auf die Netzwerkebene und auf die Transportschichtebene haben, befaßt sich Weg drei mit der zeitlichen Steuerung des Medienzugriffs (mit Link Level Control). Die Bestimmung der Ausgabezeiten von Paketen auf ein Medium sowie die Steuerung von Blockierungszeiten in Netzwerkknoten treten in den Vordergrund. Für die Übertragung sind nicht Dienstgütespezifikationen (QoS) der Anwendungen auf Transportschichtebene gefragt, sondern QoS-Spezifikationen auf Paketebene. Sie charakterisieren das Zeitverhalten der Datenströme als Paketströme (erwartete Paketabstände und Paketlängen), nach denen die Reservierung von Ressourcen und die Bearbeitung von Paketen in den Netzwerkkomponenten erfolgt.

2 Synchronisation

Synchronisation beinhaltet den zeitlichen Abgleich von Ereignissen. Darunter ist das Eintreten von Ereignissen und das Auslösen von Ereignissen zu definierten Zeitpunkten zu verstehen. Die Lage der Zeitpunkte bestimmt die Reihenfolge bzw. die Parallelität von Ereignissen eines oder mehrerer Prozesse untereinander. Der Bezug auf festgelegte Zeitpunkte (Synchronisationspunkte) entspricht idealisierten Vorstellungen. In der Praxis ist Synchronisation nicht auf einen mathematischen Punkt sondern auf ein Intervall bezogen. Die Realisierbarkeit der Synchronisationsbedingung ist von der Zuteilungsstrategie der verfügbaren Betriebsmittel (CPU, Speicher) an Prozesse, deren Ereignisse einer Synchronisation unterliegen müssen, abhängig. Bedingen Anwendungen einen Punktbezug, dann dürfen exklusiv nutzbare Betriebsmittel nur in einer Zeitspanne an den Prozeß vergeben werden, dessen Ereignisse zu einem Zeitpunkt in dieser Zeitspanne zu synchronisieren sind. Bestehen Abhängigkeiten in der Folge der Synchronisationspunkte verschiedener Prozesse (d.h. bei zwei konkurrierenden Prozessen fallen die jeweiligen Synchronisationspunkte auf einen gemeinsamen Zeitpunkt), kann einer der beiden Prozesse nicht wie gefordert vom Betriebsmittel (CPU) synchronisiert werden. Bei sporadischer Festlegung der Synchronisationspunkte eines Prozesses kann es sich ergeben, daß einem Prozeß ein Betriebsmittel (CPU) exklusiv zugeteilt werden muß, um die Synchronisationspunkte einzuhalten. Synchronisation ist von der Betriebsmittelzuteilung und dem Prozeßscheduling unter Echtzeitanforderungen abhängig.
Führt man für die Synchronisation ein Toleranzintervall ein, das durch seinen Startzeitpunkt und seine Dauer (Länge) gekennzeichnet ist, so bezieht sich der Abgleich auf einen beliebigen Zeitpunkt innerhalb des nun als Synchronisationsintervall bezeichneten Intervalls. (Das Synchronisationsintervall kann auch die

Länge null haben.) Besitzen alle Prozesse jeweils ein Synchronisationsintervall ungleich der Länge null, so kann ein Betriebsmittel (CPU) für die Synchronisation aller Prozesse zuständig sein, wenn der Synchronisationsaufwand (Dauer der Bearbeitung eines Ereignisses) nicht zur Verletzung von Synchronisationsintervallen führt.
Für eine erfolgreiche Synchronisation sind folgende Bedingungen und Aufgaben wichtig:

- Vorgabe des Startpunktes und der Dauer (Länge) des Synchronisationsintervalls vom Prozeß (in diesem Fall vom Paketstrom);
- Startpunktermittlung des Synchronisationsintervalls von einem Wächter (in Netzwerkknoten von Regulatoren ausgeführt(siehe Abb. 1));
- Garantie der Einhaltung der maximalen Grenze (Deadline) des Synchronisationsintervalls durch einen Scheduler (Verwaltung der Paketausgabe an einem Ausgangslink eines Netzwerkknotens).

3 Datenstromübertragung

In einem Netzwerkknoten treten bei der Ausgabe von Paketen Verzögerungsschwankungen auf, die das Zeitverhalten der Datenströme völlig verändern können. Die zulässigen Schwankungen müssen bestimmbar sein, um sie bei der Ausgabe zu begrenzen. Werden die Schwankungen im Nachfolgeknoten kompensiert, bleibt das Zeitverhalten des Datenstroms erhalten.
Für die Bedienung (Scheduling) der Datenstrompakete und die Kompensation der Schwankungen (Regulation) werden wichtige Anforderungen an die Datenquellen gestellt: die Begrenzung der Bursthaftigkeit der Datenströme und/oder die Glättung von Bursts vor dem Transfer. Die Faßbarkeit (Ermitteln der Stromparameter für das Echtzeitscheduling) der Datenströme burstartiger Quellen erfordert eine deterministische Strombeschreibung:

- Ein burstartiger Datenstrom ist auf Paketniveau mittels Angabe des minimalen Folgepaketabstandes X_{min}, den über ein Beobachtungsintervall I gemittelten Folgepaketabstand X_{ave} und der maximalen Paketlänge S spezifizierbar [3].

Die hier vorgeschlagene Übertragungssteuerung von Echtzeitdatenströmen bezieht sich auf ein Netzwerk mit Netzknoten, die eine Regulator- Scheduler- Architektur [8] zum Bedienen einer Punkt-zu-Punkt unidirektional betriebenen physikalischen Verbindung (Teilstrecke von virtuellen Verbindungen) nutzen (siehe Abb. 1). Um das von der Anwendung geforderte Zeitverhalten zu sichern, werden Steuerintervalle eingeführt.
Mittels Aufprägen von Steuerintervallkennungen in den Datenstrom durch die Quellen liegen Synchronisationsinformationen für die Übertragungssteuerung (Regulatoreingriffe) in den Netzwerkknoten und für die Ausgabe der Dateneinheiten eines - aber auch mehrerer voneinander abhängiger Datenströme am Zielknoten vor (Regulatoralgorithmen siehe [7]).

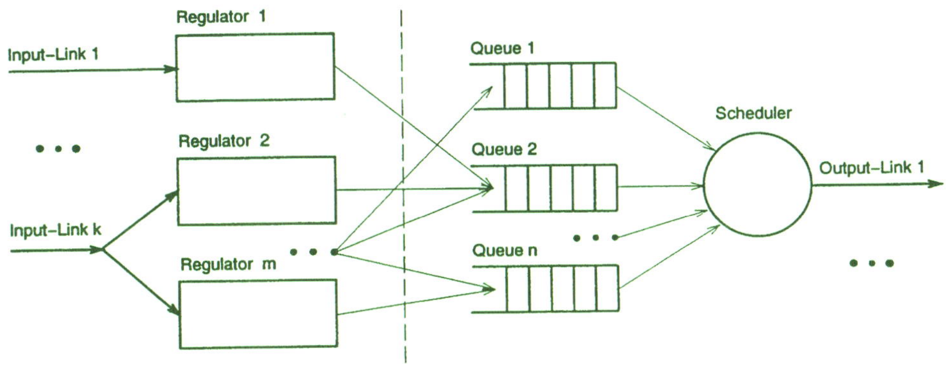

Abbildung 1. Netzknotenarchitektur

Die Übertragungssteuerung ist von der oben kurz vorgestellten Datenstrombeschreibung und von der Güte der Glättung von Bursts abhängig. Die Glättung von Bursts führt zum Auftreten einer Stauverzögerung d_c am Netzwerkeingang [1]. Der maximal auftretende Wert $d_{c_{max}}$ ist über die Strombeschreibung und das Durchsatzbemessungsintervall Y bestimmt:

$$d_{c_{max}} = (\frac{I}{X_{ave}} - 1)(Y - X_{min}); \qquad X_{min} \leq Y \leq X_{ave}.$$

Die Ausgabeschwankungen von Paketen eines Datenstromes sind durch das in [2] vorgeschlagene Verfahren auf $Y - T$ begrenzt (wobei T die Paketausgabezeit repräsentiert). Da die Übertragung in einem Netzwerk mit Netzwerkknoten - die mit Regulatoren zur Übertragungsratenkontrolle arbeiten - erfolgt, wird nicht nur der Durchsatz für das Scheduling nach Y (und S) bemessen, sondern auch die Übertragungsrate eines Echtzeitdatenstromes mit Y als zulässigem Minimalwert überwacht (Aufgabe des Regulators).

Die Nutzung von raten-überwachenden Regulatoren führt zu einem Einschwingverhalten der Paketverzögerungen nach dem Übertragungsstart (schrittweises Herantasten an maximalen Verzögerungswert). Bei einem Übertragungspfad über viele Netzknoten hinweg kann das Einschwingen sehr lange dauern und zu großen Verzögerungsschwankungen führen.
Weil oft burstartige Datenströme zu übertragen sind, wiederholt sich dieses Einschwingen mit Beginn jedes Bursts (nach Lücke im Strom).

Zusätzlich tritt - durch unterschiedliche Taktung der Netzknotenuhren - Taktdrift auf, so daß die Interpretation des Durchsatzbemessungsintervalls zu verschiedenen Zeitspannen in jedem Netzknoten führt. Auch eine auf Zeitmarken basierende Übertragung (unter Nutzung von Delay-Jitter-Regulatoren) unterliegt diesem Problem. Die nachfolgend beschriebene Übertragungssteuerung, die Eingriffe in den Regulator zum Steuern des Übertragungszeitverhaltens eines Datenstroms vornimmt, stellt eine Lösungsmöglichkeit dar.

4 Übertragungssteuerung

Für die Übertragungssteuerung werden die Werte der maximalen Stauverzögerung $d_{c_{max}}$ (der ein beliebiges Paket des Stromes am Netzzugang unterliegen kann) und des Durchsatzbemessungsintervalls Y (nach dem Scheduling und Regulation gesteuert werden) benötigt. Zusätzlich ist die Einführung von Steuerintervallen der Länge SI mit Folgekennung (i) in den Datenstrom erforderlich (siehe Abb.2 oben), um einerseits in jedem Netzwerkknoten (bzw. im Regulator) ein Raster und andererseits im Paketstrom Synchronisationspunkte für die

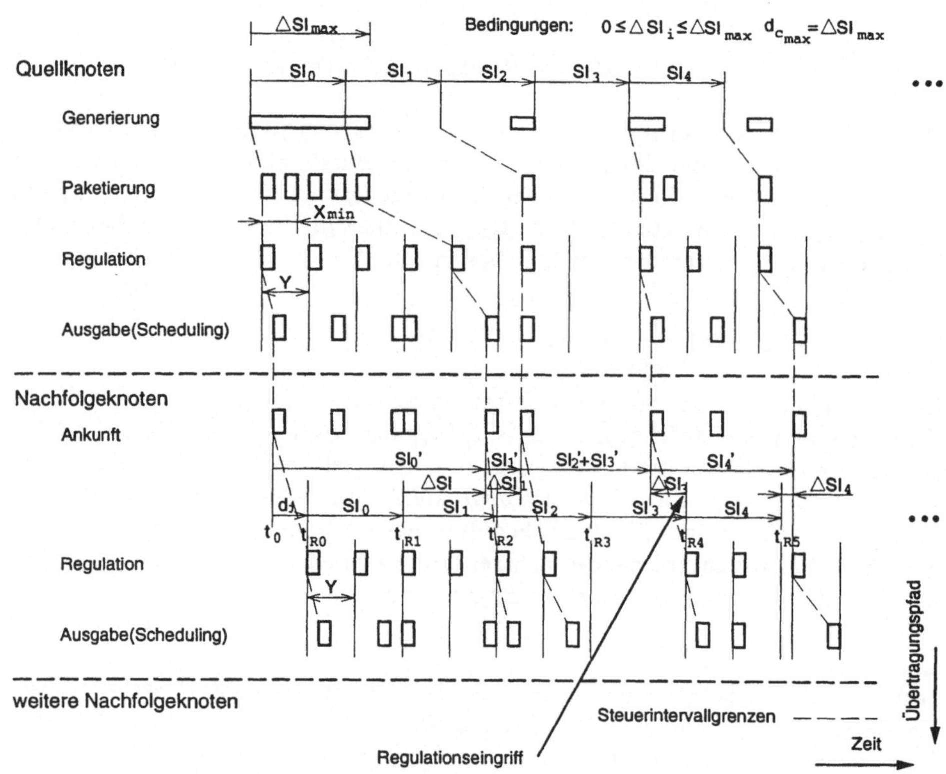

Abbildung2. Intervallbasierte Übertragungssteuerung

Steuerung der Übertragung zu erhalten. Dafür wird bei Erzeugung und nachfolgender Paketierung der Daten (in der Quelle) jedem Paket eine Intervallkennung SI_i aufgeprägt. Mit ihrer Hilfe kann jeder Netzknoten jedes Ereignis "Paket" im Datenstrom dem zugehörigen Steuerintervall zuordnen.

Für den Regulator ist es wichtig festzustellen, ob die Pakete nach ihrer Ankunft mit ihrer Intervallkennung dem Gültigkeitbereich ihres Steuerintervallrasters zugeordnet werden können. Da ein geglätteter Datenstrom vorliegen kann, beträgt der Gültigkeitsbereich $SI_i + d_{c_{max}}$ ab dem Intervallanfang von SI_i. Der Wert von

$d_{c_{max}}$ bestimmt die datenstromabhängige Erweiterung ΔSI_{max} des Bereichs, die im weiteren als ΔSI_{max} bezeichnet wird ($\Delta SI_{max} := d_{c_{max}}$). Zur Kompensation der Ausgabeschwankungen wird der Startpunkt t_{R_0} der Steuerintervalle im Netzknoten auf den Ankunftszeitpunkt t_0 des ersten Paketes des Datenstromes zuzüglich einer Initialverzögerung d_j, die $Y - T$ betragen sollte, gelegt (siehe Abb. 2 Mitte). Im Netzwerkknoten wird damit das Raster verfügbar, das als Referenz zur Ableitung der Steuereingriffe benötigt wird (Rasterzeitpunkte: $t_{R_i} = t_0 + d_{init} + i * SI$). Das Gegenstück zum Raster bilden die Intervallkennungen im Datenstrom. Die Ankunft des ersten Pakets des nächsten Steuerintervalls (zu t_{i+1}) signalisiert das Ende des Steuerintervalls (SI_i) und den Beginn des nachfolgenden Steuerintervalls (SI_{i+1}). Das Paket liefert den benötigten Synchronisationspunkt im Datenstrom. Damit wird für das Erscheinen der Pakete eines Steuerintervalles SI_i der Zeitraum SI_i' wahrgenommen.
Liegt der Endpunkt des Intervalls SI_i' im Paketstrom zeitlich vor dem Endpunkt des Steuerintervalls SI_i im Raster (d.h. $t_{i+1} < t_{R_{i+1}}$), ist ein Steuereingriff nötig. Ist das Voreilen von t_{i+1} auf $\check{t}_{R_{i+1}} = t_{R_{i+1}} - 2 * d_j$ begrenzt, genügt ein Regulatoreingriff, der das erste Paket des Steuerintervalls SI_{i+1} auf den Zeitpunkt $t_{R_{i+1}}$ des Steuerintervallrasters - bzw. wenn der Abstand zum vorherigen Paket dies nicht zuläßt auf einen Zeitpunkt nach $t_{R_{i+1}}$ - synchronisiert (siehe Abb. 2 Regulationseingriff). (Ursache dafür ist das Auftreten von Lücken im Datenstrom.) Da nicht bekannt ist, ob das erste Paket des Datenstroms im Vorgängerknoten sofort oder zu seinem letzt möglichen Ausgabezeitpunkt abgesendet wurde, kann das Voreilen $2 * d_j$ betragen.
Mit dem Regulationseingriff wird das (erneute) Einschwingen (initial durch d_j behoben) nach jeder Lücke - die mit dem Rastermaß SI erfaßt werden kann - verhindert. Anderenfalls ist Taktdrift hauptsächlich für das Voreilen verantwortlich.

5 Taktdrift

Die Datenquelle und die Taktung im Quellnetzwerkknoten bestimmen das Zeitregime für die Übertragung und den Verbrauch der Daten eines Paketstroms. Bei Taktdrift in einem Netzwerkknoten (bezogen auf den Quellnetzwerkknoten) stimmen die Maßvorgaben von Y, SI und ΔSI_{max} nicht mit dem Übertragungszeitverhalten des Datenstroms überein. Das Steuerintervallraster verschiebt sich deshalb gegenüber den Ankunftszeitpunkten der Pakete des Stromes, die mit ihrer Intervallkennung aus dem Gültigkeitsbereich herausfallen. Eine proportionale Anpassung von Y, SI und ΔSI_{max} wird nötig.
Treffen noch Pakete mit Intervallkennung SI_i ein, obwohl $\hat{t}_{R_i} = t_{R_i} + SI + \Delta SI_{max}$ abgelaufen ist ($t_{i+1} > \hat{t}_{R_i}$), taktet der Netzknoten zu schnell (voreilend). Das bedeutet Y, SI und ΔSI_{max} müssen proportional in diesem Knoten vergrößert werden. Für die Anpassung wird ein Korrekturfaktor K benötigt. K muß aus der Zeitverschiebung zwischen Intervallkennung im Datenstrom und dem betreffenden Rastersynchronisationspunkt - zu dem die Verschiebung bemerkt wird - und dem Aufsetzpunkt t_{R_0} des Steuerintervallrasters ermittelt wer-

den. Bei zu schnellem Takten kann der Korrekturfaktor in folgenden Schritten bestimmt werden:

1. Nach dem Überschreiten der oberen Grenze $\hat{t}_{R_i}$ des Gültigkeitsbereiches des Steuerintervalls SI_i erscheint der Synchronisationspunkt t_{i+1} im Datenstrom zum Zeitpunkt: $t_{i+1} = t_0 + d_j + \sum_{n=0}^{i} SI_n + \Delta SI_{max} + t_d$ (anhand des Paketstromes: $t_{i+1} = t_0 + \sum_{n=0}^{i} SI'_n$).
2. Für die Korrektur gilt:

$$\sum_{n=0}^{i} SI_{n_{neu}} + \Delta SI_{max_{neu}} = \sum_{n=0}^{i} SI_{n_{alt}} + \Delta SI_{max_{alt}} + t_d.$$

3. Der Korrekturfaktor K für Y, SI und ΔSI_{max} berechnet sich zu:

$$K = \frac{\sum_{n=0}^{i} SI_{n_{alt}} + \Delta SI_{max_{alt}} + t_d}{\sum_{n=0}^{i} SI_{n_{alt}} + \Delta SI_{max_{alt}}}.$$

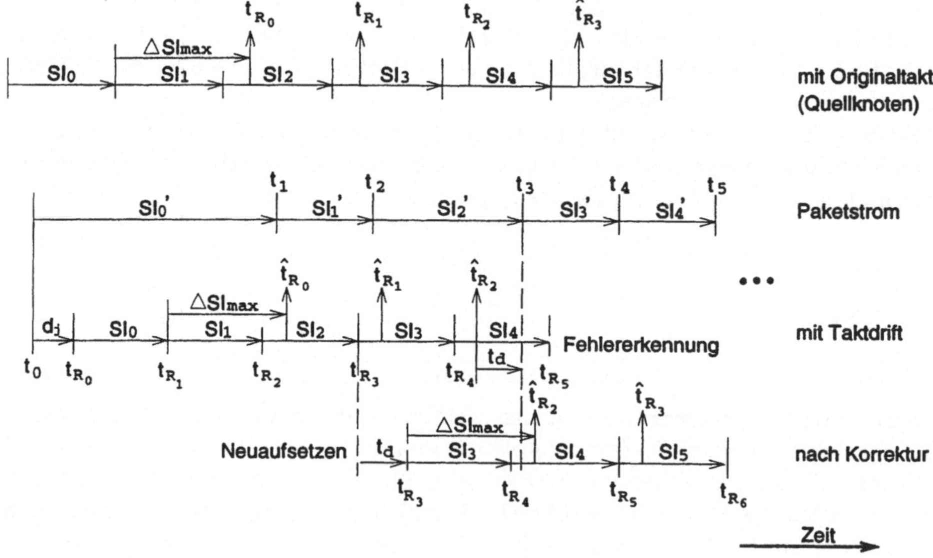

Abbildung3. Voreilende Taktung

Gleichzeitig ist ein erneutes Aufsetzen der Referenzzeitachse erforderlich. Weil die Verschiebung über die obere Grenze des Gültigkeitsbereichs ermittelt wurde, gilt:

$$t_{R_{i+1_{neu}}} = t_{R_0} + \sum_{n=0}^{i} SI_{n_{alt}} + t_d.$$

Ist nochmals eine Anpassung von Y,SI und ΔSI_{max} erforderlich, benötigt man dafür den Zeitpunkt t_{R_m} des letzten Neuaufsetzens der Referenzzeitachse ($t_{R_m} := t_{R_{i+1_{neu}}}$). Die Berechnungsvorschrift für den Korrekturfaktor K lautet dann:

$$K = \frac{\sum_{n=m}^{i} SI_{n_{alt}} + \Delta SI_{max_{alt}} + t_d}{\sum_{n=m}^{i} SI_{n_{alt}} + \Delta SI_{max_{alt}}}; \qquad 0 \leq m \leq i.$$

Für das Neuaufsetzen der Referenzzeitachse gilt:

$$t_{R_{i+1_{neu}}} = t_{R_m} + \sum_{n=m}^{i} SI_{n_{alt}} + t_d.$$

Weil der Zeitpunkt $t_{R_{i+1_{neu}}}$ zu seiner Bestimmung schon abgelaufen sein kann, sind nur die Rasterzeitpunkte für die nachfolgenden (noch zukünftigen) Steuerintervalle für die weitere Übertragungssteuerung verwertbar.

Verweist die Intervallkennung des gerade eintreffenden Paketes auf ein nachfolgendes anstatt auf das aktuell gültige Intervall, ist die Knotentaktung zu langsam, wenn $t_i < \check{t}_{R_i}$ (siehe Abschnitt 4).(Ein sicheres Anzeichen für das Nacheilen der Taktung ist auch das Auftreten eines Staus im Paketstrom am Knoteneingang.) Y, SI und ΔSI_{max} müssen proportional verkleinert werden.

Der Synchronisationspunkt des Intervalls SI_i im Datenstrom trifft zum Zeitpunkt t_i ein: $t_i = t_{R_m} + \sum_{n=m}^{i} SI_n - t_d$.

Eine Korrektur muß vorgenommen werden. Für diese gilt:

$$\sum_{n=m}^{i} SI_{n_{neu}} = \sum_{n=m}^{i} SI_{n_{alt}} - t_d + d_j.$$

K berechnet sich mit folgender Formel:

$$K = \frac{\sum_{n=m}^{i} SI_{n_{alt}} - t_d + d_j}{\sum_{n=m}^{i} SI_{n_{alt}}}.$$

Das Wiederaufsetzen des Steuerintervallrasters erfolgt nach:

$$t_{R_{i+1_{neu}}} = t_{R_m} + \sum_{n=m}^{i} SI_{n_{alt}} - t_d + d_j.$$

Im Gegensatz zu voreilendem Takten führt zu langsames Takten des Netzwerkknotens zu Stausituationen im Paketstrom. Weil das Zeitverhalten des Datenstromes für die Intervallsteuerung in den nachfolgenden Netzwerkknoten erhalten werden muß, sind gezielt Pakete zu verwerfen.

Bei zu schnellem Takten des Netzknotens können alle eintreffenden Pakete ohne weitere Besonderheiten und Eingriffe weitergegeben werden. Durch die Anpassung von Y erfolgt eine Entlastung des geforderten Durchsatzes.

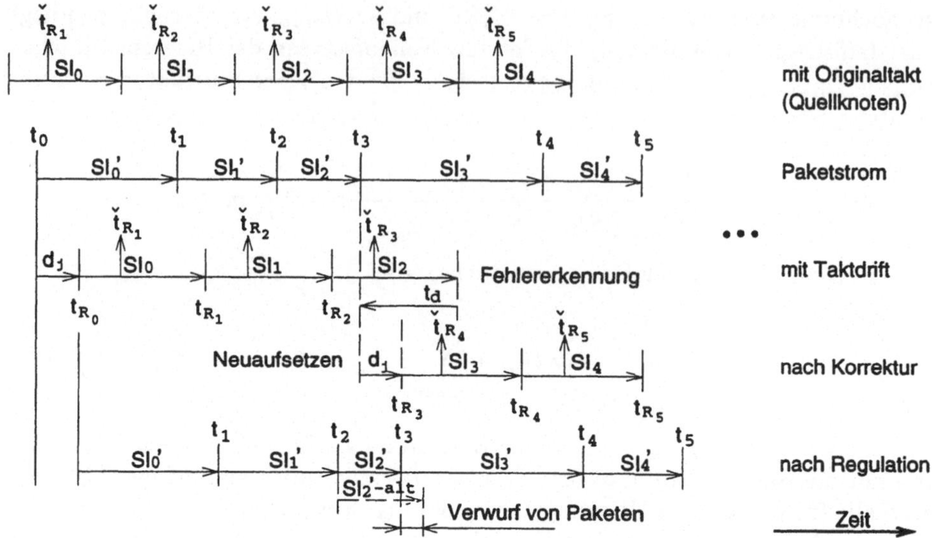

Abbildung4. Nacheilende Taktung

6 Zusammenfassung

Es wurde eine Übertragungssteuerung vorgestellt, die Echtzeitübertragung unabhängig von Zeitbasen in Netzwerkknoten realisiert. Einzig von der Datenquelle erzeugte Steuerinformationen und das Laufzeitverhalten des Datenstroms sind für die Übertragung bestimmend. Momentane Arbeiten befassen sich mit der Simulation der Steuermechanismen unter Verwendung realer Datenströme. Ziel ist die Ermittlung geeigneter Werte für die Länge der Steuerintervalle (vorherige Untersuchungen befaßten sich mit der Ermittlung von Parametern für Datenstrombeschreibungen realer burstbehafteter Audioquellen [4]) und das Systemverhalten bei abweichender Taktung der Netzwerkknoten mit im Abschnitt 3 angerissenen Fähigkeiten. Die Entwicklung eines Übertragungssteuerprotokolls, das die vorgestellten Steuermechanismen unterstützt, ist vorgesehen.

Literatur

1. C. Dünkel. Zeitverhalten von Datenströmen in paketvermittelnden Netzwerken. *39. Int. Wiss. Kolloquium TU Ilmenau*, 1994.
2. C. Dünkel and D. Reschke. Scheduling Laxity of Real-Time Packet Streams. *to appear in Proceedings of DDP'95*, Novosibirsk, Russia, 1995.
3. D. Ferrari. Client Requirements for Real-Time Communication Services. *RFC 1193*, 1990.
4. J. Panhans. Analyse realer Datenströme. *Studienjahresarbeit TU-Ilmenau*, 1995.
5. H. Schulzrinne, S. Casner, R. Frederic and V. Jacobson. RTP: A Transportprotocol for Real-Time Applications. *Internet Engineering Task Force, INTERNET-DRAFT*, 1994.

6. C. Topolcic. Experimental Internet Stream Protocol, Version 2 (ST-II). *RFC 1190*, 1990.
7. H. Zhang. Service Disciplines for Packet-Switching Integrated-Services Networks. *Dissertation University of California at Berkeley*, 1993.
8. H. Zhang and D. Ferrari. Rate-Controlled Static-Priority Queueing. *IEEE Infocom'93*, 1993.

Digitale Sprachübertragung auf Echtzeitbetriebssystembasis in Hochgeschwindigkeitsnetzen

M. Rautenberg, H. Rzehak

Universität der Bundeswehr München
Werner-Heisenberg-Weg 39, 85577 Neubiberg
{mathias, rz}@pluto.informatik.unibw-muenchen.de

Zusammenfassung

Zur Kopplung räumlich weit verteilter Multimedia-Anwendungen sind Hochgeschwindigkeitsnetze erforderlich. Zumindest mittelfristig wird diese Kopplung über heterogene Hochgeschwindigkeitsnetze erfolgen.

In diesem Beitrag wird die Architektur eines Sprachübertragungssystems als Komponente eines Multimedia-Systems für den Einsatz in heterogenen Hochgeschwindigkeitsnetzen vorgestellt. Meßergebnisse, die Aufschluß über die Zeitverhältnisse in Situationen hoher Netzlast und somit über die Robustheit des Verfahrens geben, werden angegeben und diskutiert.

Daraus werden abschließend Folgerungen über den Einfluß von Datenquellen und Datensenken auf die Zeitverhältnisse in Multimedia-Systemen gezogen.

1 Einführung

So alt wie die Datennetze selbst ist der Versuch, neben Daten auch Sprache zu übertragen. Für das ARPANET führte J.W. Forgie [1] Untersuchungen dieser Art durch. Später folgten ähnliche Untersuchungen von D.C. Swinehart [2] für das Ethernet. Beim ARPANET bestand das Problem, daß wegen der geringen Bandbreite nur eine geringe Sprachqualität erzielbar war. Für Ethernet ließ sich zwar eine hohe Qualität erzielen, allerdings war die räumliche Ausdehnung des Netzes und damit die erzielbare Entfernung zwischen den Teilnehmern sehr gering.

Mit der fortschreitenden Entwicklung auf dem Gebiet der Hochgeschwindigkeitsnetze kommt der Sprachübertragung als Komponente von Multimedia eine große Bedeutung zu. Hochgeschwindigkeitsnetze bieten sowohl eine hohe Bandbreite, wodurch sich eine gute Qualität der Sprache erzielen läßt, als auch eine große räumliche Ausdehnung, was dem Wunsch der Teilnehmer, über größere Distanzen zu kommunizieren, entgegenkommt.

2 Zugang zu Hochgeschwindigkeitsnetzen

Der Zugang zu einem Hochgeschwindigkeitsnetz erfolgt in der Regel nicht direkt über einen Adapter im Endsystem. Dafür gibt es zwei Gründe. Erstens, wie z.B. bei DQDB-Netzen, ist es möglich, daß die technische Realisierung einen direkten Zugang zum Hochgeschwindigkeitsnetz überhaupt nicht vorsieht. Zweitens sprechen betriebswirtschaftliche Gründe dagegen, alle Endsysteme mit neuen Adaptern auszurüsten. Stattdessen ist es sinnvoller, die bestehenden Netze zunächst über Gateways an das Hochgeschwindigkeitsnetz anzubinden. Abbildung 1 zeigt ein typisches heterogenes Hochgeschwindigkeitsnetz, das aus einem DQDB-Netz mit Ring-Topologie, einem Token-Ring und zwei Ethernet-Segmenten besteht.

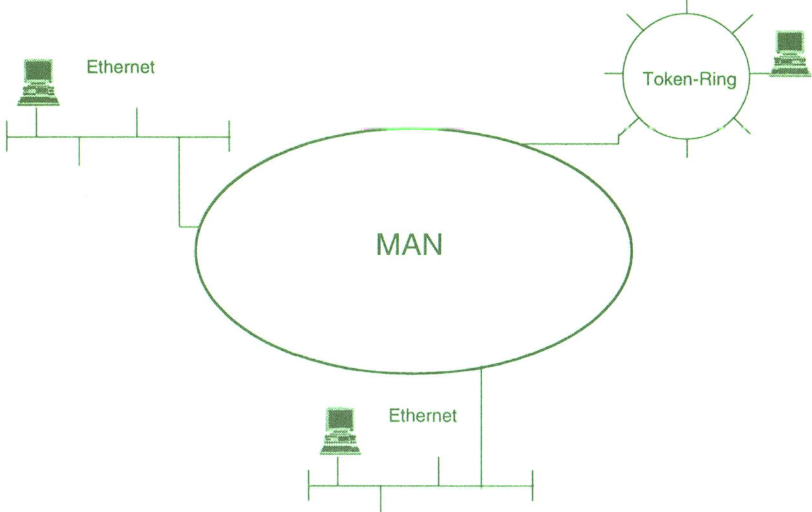

Abbildung 1 Heterogenes Hochgeschwindigkeitsnetz

Für Multimedia-Anwendungen bleibt auf diese Weise das Hochgeschwindigkeitsnetz transparent. Außerdem ergeben sich für ein derartiges heterogenes Hochgeschwindigkeitsnetz mehrere signifikante Eigenschaften, die für Multimedia-Anwendungen relevant sind:

- geringe Verzögerungszeit (Delay), da die Protokollwandlungen in Hardware realisiert sind;
- geringe Varianz der Verzögerungszeit (Delay-Jitter), da Daten nur kurz gepuffert werden;
- Paketverlust, da im Überlastfall Pakete durch Pufferüberlauf verlorengehen;

Bei Messungen der Durchlaufzeiten durch das Metropolitan Area Network [3] ergaben sich bei Paketgrößen zwischen 64 Bytes und 1518 Bytes für den Delay Werte zwischen 1,6 ms und 5,9 ms, wobei der größte Anteil der Zeit für die Protokollwandlung in den Gateways benötigt wird.

Der geringe Delay-Jitter heterogener Hochgeschwindigkeitsnetze macht diese für die Erbringung multimedialer Dienste wesentlich geeigneter als die bisher gebräuchlichen, IP-basierten Weitverkehrsnetze.
Nachdem die Eigenschaften heterogener Hochgeschwindigkeitsnetze erläutert sind, ist es nötig, die Eigenschaften eines Sprachdatenstroms zu benennen und daraus die Anforderungen abzuleiten, die an ein Übertragungssystem gestellt werden.

3 Eigenschaften des Sprachdatenstroms

In diesem Beitrag wird der Begriff Sprachdaten im Sinne eines interaktiven Voll-Duplex-Gesprächs verwendet. Sprachdaten sind hochgradig redundant und stehen in einem zeitlichen Bezug zueinander. Daraus ergibt sich eine Empfindlichkeit gegenüber Verzögerungen, die durch ein Übertragungssystem verursacht werden. Folgt in einem Gespräch auf eine Frage nicht binnen einer gewissen Zeitspanne (ca. 600ms) eine Antwort, ist dem Fragenden nicht klar, ob seine Frage verstanden wurde und er wird sie wiederholen. Es wird deutlich, daß ein Übertragungssystem, das die Einhaltung dieser Zeitspanne nicht garantiert, untauglich ist, Gesprächsverbindungen zu unterstützen.
Außerdem sind Sprachdaten empfindlich gegenüber Schwankungen der Verzögerung (= Delay-Jitter). Derartige Schwankungen führen zu Wortfragmenten und nicht tolerierbarer Sprachqualität. Durch die Redundanz der Sprachdaten - d.h. jedes einzelne Sprachdatum hat eine gewisse Ähnlichkeit zu seinem Vorgänger und Nachfolger - ergibt sich eine relative Unempfindlichkeit gegenüber Datenverlust. Untersuchungen zeigen, daß bis zu 1% Datenverlust bei der Übertragung ohne merkliche Qualitätseinbußen tolerierbar ist. Fehlerkorrektur kann im einfachsten Fall durch erneute Ausgabe des Vorgängerdatums durchgeführt werden.

4 Architektur des Packet Voice Terminals

Ein Endsystem, das um Peripherie und Software für die Sprachübertragung erweitert ist, wird als Packet Voice Terminal (PVT) bezeichnet.
Es war ein Ziel der Arbeit, ein PVT aus handelsüblichen Standardkomponenten aufzubauen. Zu diesem Zweck wurde ein 486er-PC gewählt und eine Soundblaster-Karte mit Mikrophon und Lautsprecher eingesetzt. Um Paketlaufzeitmessungen durchführen zu können, wurde zusätzlich eine Karte mit hochauflösendem Timer (1µs) eingebaut. Über einen Ethernet-Adapter erfolgt der Zugriff auf das Zugangsnetz.

5 Echtzeitbetriebssystem und Protokolle

Die Notwendigkeit, das PVT unter einem Echtzeitbetriebssystem zu betreiben, erwächst aus der Kontinuität des Sprachdatenstroms. Nur wenn die Daten lückenlos, d.h. innerhalb vorhersagbarer Zeitschranken, übertragen werden, sind sie für den Empfänger brauchbar. Es ist aber gerade die Aufgabe eines Echtzeitbetriebssystems, die Ressourcen so zu verwalten, daß alle Aktionen schritthaltend mit dem zu steurnden Prozeß - in diesem Fall die Sprachdatenverarbeitung - eingeplant und abgearbeitet werden.

Im PVT wird das Echtzeitbetriebssystem LynxOS, ein POSIX-konformes UNIX-Derivat eingesetzt, das ein komplettes TCP/IP-Paket beinhaltet. Über die Programmierschnittstellen dieses Paketes werden die Anwendungsprogramme die die Sprachübertragung steuern, angebunden.

6 Algorithmen zur Sprachübertragung

Die Aufgabe, die Übertragung von Sprache zu steuern, läßt sich in einen Sende- und einen Empfangsteil aufspalten. Nachdem der Sender den Soundblaster, die Timerkarte und die Schnittstelle zum Kommunikationssystem initialisiert hat, übernimmt das Programm die vom Soundblaster generierten Daten.

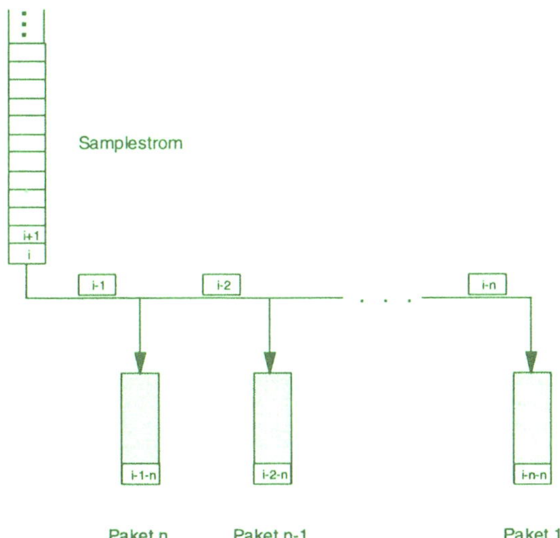

Abbildung 2 Cross-Interleaving Verfahren

Den nächsten Schritt bildet ein sog. Cross-Interleaving-Verfahren [4], wie es von der Aufzeichnung von Audio-CDs her bekannt ist. Es dient dem Zweck, falls Pakete auf dem Netz verlorengehen, nicht vollständige - im schlimmsten Fall sinnverändernde Worte , wie z.B.

„nicht" - zu verlieren. Wie in Abbildung 2 dargestellt, werden im Samplestrom benachbarte Samples in verschiedenen Paketen übertragen. Auf diese Weise entstehen im Samplestrom durch Paketverlust statt einer großen Lücke viele kleine Lücken, die sich durch Korrekturmaßnahmen, wie z.B. Interpolation oder einfache Ersetzung des fehlenden Samples durch dessen Vorgänger, beheben lassen.

Der Vorteil der größeren Robustheit des Verfahrens muß allerdings mit einer steigenden Verzögerung bei der Paketisierung erkauft werden. Falls die Samples, wie in Abbildung 2 auf n Pakete der Größe Packet_Size verteilt werden, so ergibt sich die zusätzliche Verzögerung bis das erste Paket abgeschickt werden kann daraus, daß zunächst n*Packet_Size -n+1 Samples auf die n Pakete verteilt werden müssen. Verlorengegangene Pakete werden mittels Sequenznummern empfangsseitig erkannt. Aus den Paketen wird der Samplestrom durch Anwendung des inversen Cross-Interleaving-Verfahrens zurückgewonnen. Fehlende Samples werden ersetzt. Anschließend kann der Empfänger die Sprachdaten an den Soundblaster übergeben, der sie über die Lautsprecher ausspielt.

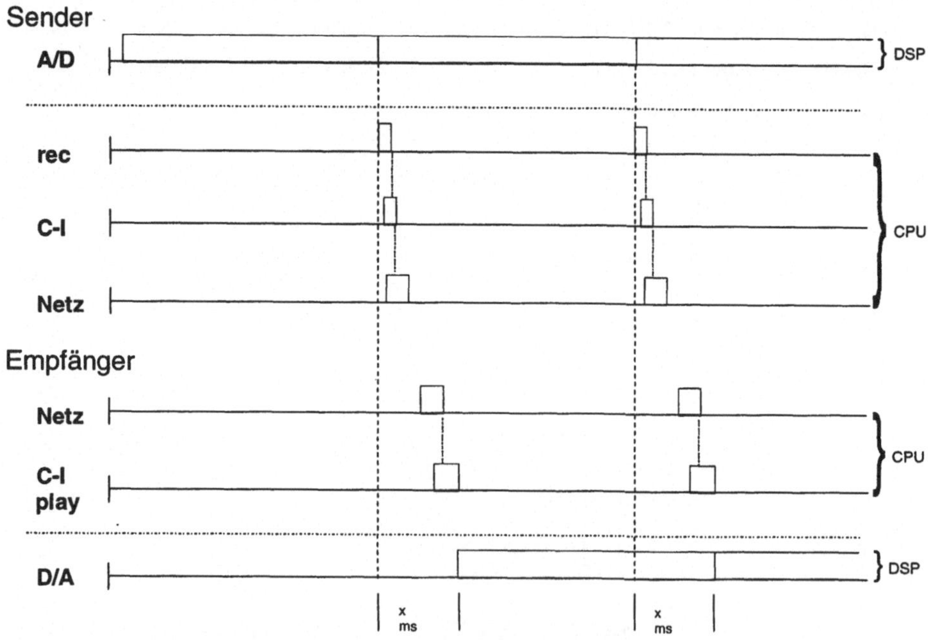

Abbildung 3 Prozessorbelegung

7 Abbildung der Algorithmen auf Threads

Das Kernstück des Soundblasters ist ein digitaler Signalprozessor (DSP), der die A/D- bzw. die D/A-Wandlung gemäß dem PCM-Verfahren (CCITT G.711) vornimmt. Für die Steuerung der Hardware sind die Threads „rec“ und „play“ für Aufnehmen und Abspielen zuständig [5]. Sie realisieren die Parametrisierung des DSP, den DMA-Transfer und die read- bzw. write-Schnittstelle.

Jeweils ein weiterer Thread realisiert Lese- bzw. Schreibzugiffe auf das Netz. Über Pipes und Queues tauschen die Threads Daten aus. Abbildung 3 zeigt einen Datentransfer als Gantt-Diagramm dargestellt. Wichtig ist, daß der Empfänger, bevor er das erste Paket ausspielt, sicherstellt, daß alle folgenden Pakete in ausspielbarer Form vorliegen, wenn sie benötigt werden. Dies geschieht zweckmäßigerweise dadurch, daß der Empfänger das Ausspielen des ersten Paketes um ein Zeitintervall verzögert, das alle zukünftigen Schwankungen der Verzögerung kompensiert. Diese Forderung ist leicht zu erfüllen, da heterogene Hochgeschwindigkeitsnetze, wie eingangs erwähnt, im Unterschied zu IP-Netzen nur geringen Delay-Jitter einbringen.

Es ist sinnvoll den Threads dieselbe Priorität zu geben, die aber höher sein muß als die Prioritäten der übrigen auf den Stationen laufenden Threads. Insbesondere ist darauf zu achten, daß die Priorität höher liegt, als die des X-Servers und des Window-Managers, um nicht durch Bildschirmarbeit die Sprachübertragung zu stören.

Unter Tcl/Tk wurde eine zeitgemäße, graphische Benutzerschnittstelle entwickelt.

8 Messungen

Um die Robustheit des Verfahrens zu testen, wurde eine Reihe von Messungen unter verschiedenen, realitätsnahen Lastsituationen vorgenommen. Die Meßvorrichtung bestand aus den kommunizierenden PVTs, zwei LAN-Analysatoren und einem weiteren Lastgenerator-PC (vgl. Abbildung 4).

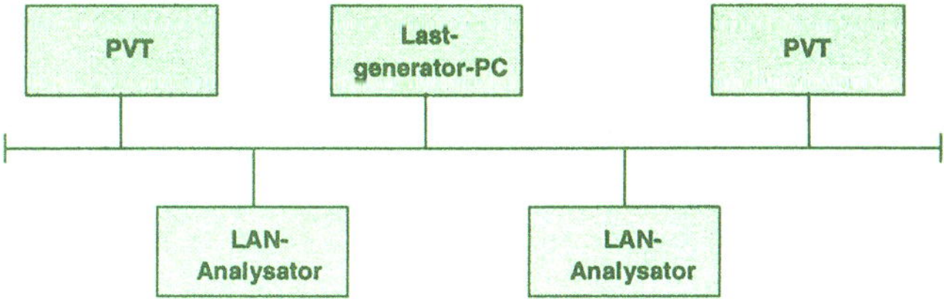

Abbildung 4 Meßvorrichtung

Die PVTs werden nun für verschiedene Meßreihen mit den für ISDN-Telefone typischen Einstellungen (Sampling-Frequenz: 8 kHz ; Sample-Auflösung: 8 Bit) bzw. den für Audio in CD-

Qualität typischen Werten (Sampling-Frequenz: 44,1 kHz ; Sample-Auflösung: 16 Bit) versehen. Die Übertragung von Audio-Daten wird durch die vorgestellte Architektur ebenfalls problemlos erledigt. Für Sprachübertragung gilt die Faustregel, daß nur Daten mit einer Ausspieldauer von maximal 30 ms in einem Paket enthalten sein sollten. Dies führt zu Paketgrößen von 256 Byte für die Ethernet-Schnittstelle und 288 Byte für die UDP-Schnittstelle. Für Audio ergeben sich analog die Werte 1312 Byte für die Ethernet-Schnittstelle und 1388 Byte für die UDP-Schnittstelle.

Gemessen wurde nun die Gesamtlaufzeit vom Aufnehmen bis zum Abspielen. und die reine Paketlaufzeit auf einem Sprachkanal, wobei die beiden LAN-Analysatoren als Lastgeneratoren isochronen Querverkehr im Verhältnis 60:40 unsymmetrisch erzeugten, um auch Kollisionen auszulösen. Zu jedem Szenario wurde die Paketverlustrate aufgezeichnet, die für die Übertragung über die reine Ethernet-Schnittstelle bei maximal 1,4% und bei Übertragung über die UDP-Schnittstelle bei maximal 1,54% in einem Bereich liegt, in dem die Verständlichkeit gewährleistet ist. Abbildung 5, die sich wie die Abbildungen 6 bis 9 im Anhang befindet, zeigt die Paketverlustrate auf einem Sprachkanal bei 50-prozentiger, isochroner Grundlast und ansteigendem, negativ exponentiell verteilten Querverkehr, durch den interaktiver Datenverkehr - verursacht durch NFS-Zugriffe - nachgebildet wird.

Für jeden Punkt der Kurven wurde das arithmetische Mittel über die Werte aus fünf Meßreihen zu je 1000 Paketen gebildet. Aus Abbildung 6 und Abbildung 7 ist zu ersehen, daß die Algorithmen zur sende- und empfangsseitigen Steuerung der Sprachverarbeitung konstant in ca. 200µs abgearbeitet werden. Außerdem ist auffällig, daß die Abarbeitung von UDP/IP für Sender und Empfänger mit 200 µs sehr effizient ist. Die Gesamtlaufzeit der Pakete liegt um zwei Größenordnungen unter dem Wert von ca. 600 ms, der vom Benutzer gerade noch als interaktiv empfunden wird. Diese Aussagen gelten für Abbildung 8 und Abbildung 9 analog.

Zu erwähnen ist, daß sich der exponentielle Anstieg der Übertragungszeit, wie er als Schwäche des CSMA/CD-Verfahrens bekannt ist, nicht bei einer Last von ca. 50 % reproduzieren ließ, da sich dieser Effekt nur bei einer großen Anzahl sendender Sationen einstellt. In dem hier vorgestellten Aufbau mit vier sendenden Stationen verläuft die Kurve flacher.

9 Zusammenfassung und Ausblick

Sowohl die Messungen, als auch die Beurteilung des Verfahrens nach dem subjektiven Empfinden der Verständlichkeit belegen, daß die vorgestellte Architektur aus Standardkomponenten gut geeignet ist, um einen zuverlässigen Sprachübertragungsdienst bzw. einen Audio-Übertragungsdienst hoher Qualität zu realisieren. Selbst in Phasen höchster Netzlast bleibt die Verständlichkeit erhalten. Ein Echtzeitbetriebssystem ist die Grundlage für diesen Sprachübertragungsdienst, wie für jede andere Komponente eines Multimedia-Systems, die kontinuierliche

Daten überträgt. Die Architektur ist sowohl für den lokalen Bereich, als auch für den Einsatz in heterogenen Hochgeschwindigkeitsnetzen, die nur geringen Delay-Jitter einbringen und LAN mit geringem Delay koppeln, geeignet.

Aus den Untersuchungen ergeben sich einige Folgerungen für verteilte, multimediale Systeme.

Der Zeitbedarf für die Abwicklung der Kommunikation auf der Ebene der Medienzugriffsschicht zwischen Sender und Empfänger spielt in heterogenen Hochgeschwindigkeitsnetzen - im Gegensatz zu IP basierten Netzen - gegenüber dem gesamten Zeitbedarf für multimediale, verteilte Applikationen eine untergeordnete Rolle. Dabei wird der größte Teil dieses Zeitbedarfs für die Abwicklung der Protokolle der Zugangsnetze und der Protokollwandlungseinheiten verbraucht.

Weiterhin läßt sich die Aussage machen, daß der größte Zeitnateil verteilter, multimedialer Applikationen nicht für die Kommunikation sondern für die Bereitstellung und Verarbeitung der Daten in den Endsystemen aufgewendet wird. Dabei ist es von fundamentaler Bedeutung, ob die Daten durch digitale Signalprozessoren aus einem Eingangssignal erzeugt werden oder von einer Festplatte geholt werden müssen.

Der Delay-Jitter multimedialer, verteilter Applikationen wird in den Endsystemen maßgeblich durch Zugriffe auf Daten, die auf Festplatten gespeichert sind, eingebracht, da die Bereitstellung schwankender Datenraten zu einer variablen Anzahl von Blocktransfers führt. Hier können Verbesserungen durch die Entwicklung neuartiger Dateisysteme erzielt werden.

10 Literatur

[1] Forgie, J. W.: „Speech Transmission on Packet Switched Store and Foreward Networks" in Proc. AFIPS. vol. 44, part 1, May 1975, pp. 137-142.

[2] Swinehart, D. C.; Terry, D. B.: „Managing Stored Voice in the Etherphone System", ACM Transactions on Computer Systems, vol. 6, number 1, February 1988, pp. 3-27.

[3] Fischer, A.: „Modellierung und Messung von Zeitabläufen in einem Metropolitan Area Network (MAN), Diplomarbeit, INF 3.3, Universität der Bundeswehr München, 1994.

[4] Biaesch-Wiebke, C.: „CD-Player und R-DAT-Recorder", Vogel Buchverlag Würzburg, 1988.

[5] Wittig, W.: „Konzeption und Realisierung isochroner Dienste über ein Ethernet-LAN", Diplomarbeit, INF 3.3, Universität der Bundeswehr München, 1994.

11 Anhang: Meßergebnisse

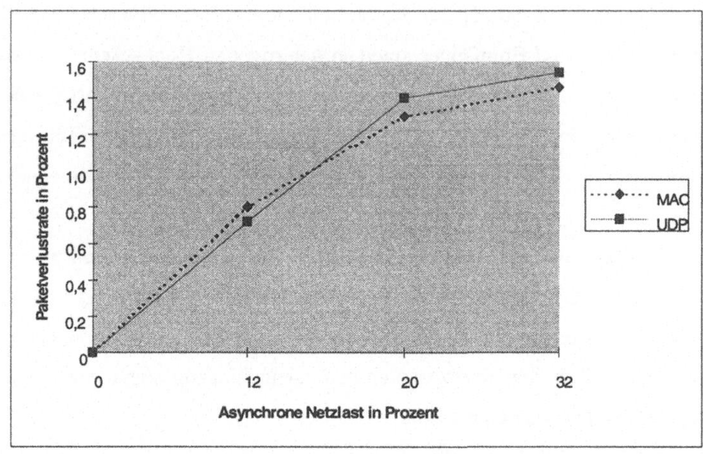

Abbildung 5 Paketverluste bei 8 kHz mit 50% isochroner und steigender asynchroner Last

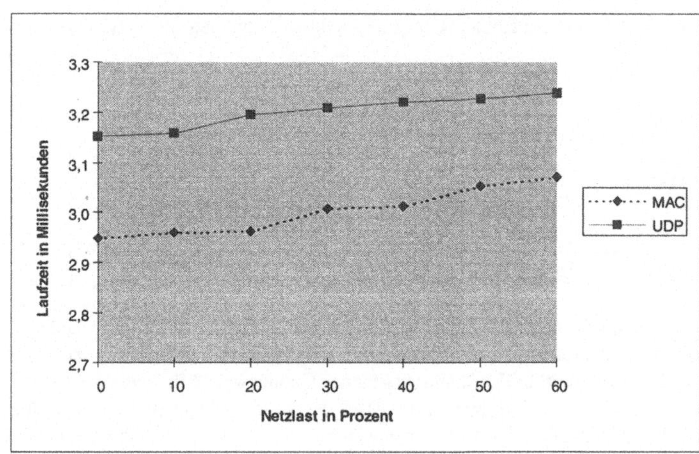

Abbildung 6 Gesamtlaufzeit der Pakete bei 8 kHz Sampling und steigender isochroner Last

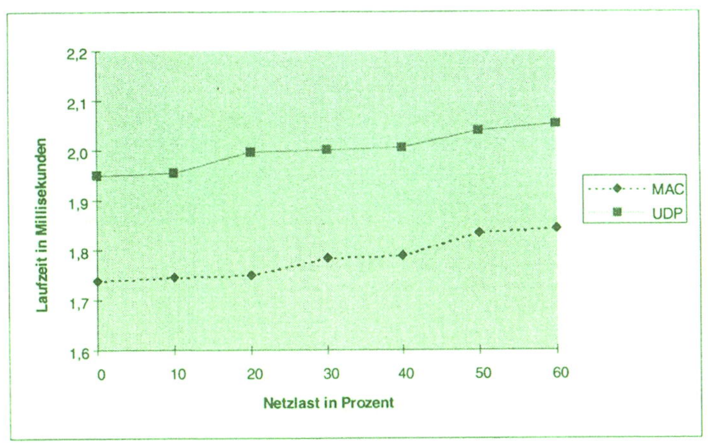

Abbildung 7 Paketlaufzeit bei 8 kHz Sampling und steigender isochroner Last

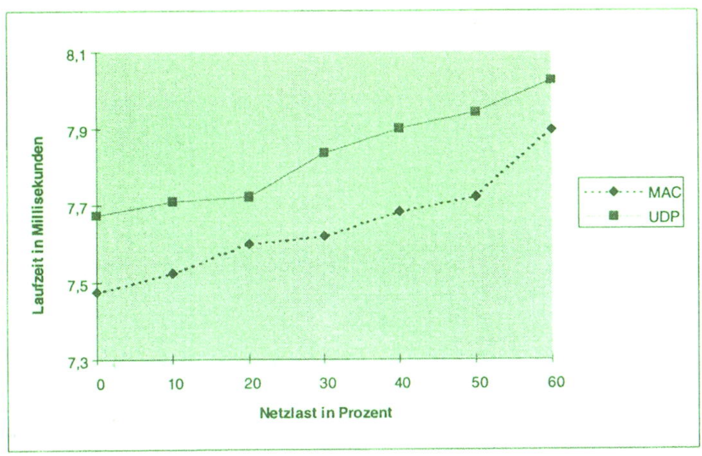

Abbildung 8 Gesamtlaufzeit der Pakete bei 44,1 kHz Sampling und steigender isochroner Last

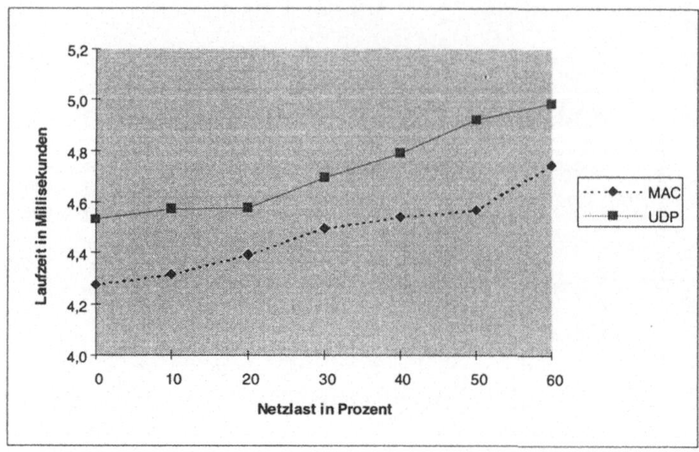

Abbildung 9 Paketlaufzeit bei 44,1 kHz Sampling und steigender isochroner Last

Dynamische Resourcenplanung am Beispiel einer Robotersteuerung

Hermann Streich, Martin Gergeleit, Jörg Kaiser
Forschungsbereich Responsive Systeme
Institut für Systementwurfstechnik
GMD - Forschungszentrum Informationstechnik GmbH
D-53754 St. Augustin, Schloß Birlinghoven
e-mail: mfg@gmd.de, kaiser@ gmd.de, str@gmd.de

Abstract

Die Entwicklung zu größeren und immer komplexeren Systemen ist auch bei Realzeitanwendungen zu beobachten, zumal kostengünstige Mikroprozessoren es ermöglichen dezentrale Systeme mit intelligenten Komponenten auszustatten. Um den Anforderungen an Flexibilität, Erweiterbarkeit, Wartbarkeit und Zuverlässigkeit gerecht werden zu können, werden neue Methoden und Designprinzipien zur Konstruktion von Realzeitapplikationen notwendig. Hierzu zählen z.B. der *objekt-orientierte Entwurf* und die *dynamische Resourcenplanung* (on-line Scheduling). Die Vorteile auf konzeptioneller Ebene ergeben sich zum einen durch die ausgezeichnete Modellierbarkeit von "realer Welt"-Anwendungen durch objekt-orientierte Techniken und zum anderen durch die inhärente Flexibilität der dynamischen Planung. Die dynamische Planung wird aber häufig als unsichere und aufwendige Methode zur Planung von "harten" Realzeitapplikationen abgelehnt. Im folgenden soll die Frage der Anwendbarkeit dynamischer Schedulingverfahren am Beispiel einer Robotersteuerung diskutiert werden.
Im Rahmen des Projektes DIRECT [Ger94/1] wurde ein Konzept zur dynamischen Einplanung von Realzeitapplikationen (*TaskPair-Scheduling)* entwickelt und zur Steuerung eines experimentellen Roboterarmes verwendet. Im Vergleich zur einer konventionellen Art der Steuerung konnten neben der erhöhten Flexibilität Verbesserungen der Reaktionsgeschwindigkeit und der Genauigkeit der Positionierung erreicht werden.

1 Motivation

Die Verfügbarkeit kostengünstiger und leistungsfähiger Mikroprozessoren ermöglicht die Verwendung von intelligenten Komponenten in eingebetteten Systemen und in der Prozeßsteuerung, so daß im Gegensatz zu heute üblichen zentralen Steuerungen mit dezentraler Ein-/Ausgabe echte verteilte Realzeitsysteme entstehen. Die "verteilte Intelligenz" schafft aber zusätzliche Probleme - zum einen gut eingrenzbare Probleme, wie z.B. die zeitlich deterministische Kommunikation zwischen Prozessen auf verschiedenen Rechnern, zum anderen hat man es mit schwer faßbaren Situationen von möglichen Ausfällen von Komponenten, erforderlichen on-line Wartungsarbeiten, Austausch und eventuellen Verhaltensänderungen von Komponenten zu tun. Ein derartiges System läßt sich nicht von vornherein so planen, daß es unter allen denkbaren Verhaltensmustern zuverlässig arbeitet, und insbesondere sich gemäß der zeitlichen Spezifikation verhält. Daher wird es notwendig Verfahren einzusetzen, die die aktuelle Situation eines Systems oder Teilsystems erfassen und bewerten können und dadurch in der Lage sind zur Laufzeit Planungsentscheidungen zu treffen.

Der größte Vorteil der dynamischen Planung ist ohne Zweifel die inhärente Flexibilität. So können Berechnungen der Ausführungsdauer einer Aktivität z.B. an Hand aktueller Parameter durchgeführt werden - es ist sogar denkbar die Zielfunktion des Planungsalgorithmusses zu manipulieren. Eine Planung zur Laufzeit beinhaltet jedoch unmittelbar zwei Probleme:

- Voraussagbarkeit. Es ist nicht von vornherein ganrantiert, daß eine einzuplanende Aktivität auch eingeplant werden kann. Hieraus ergeben sich mehrere Fragestellungen, insbesondere bezüglich der Anwendbarkeit des Verfahrens. Was ist z.B. zu tun, wenn ein Scheduler zur Laufzeit keinen gültigen Plan findet, d.h. der Scheduler kommt zu dem Ergebnis, daß nicht alle Aktivitäten unter Berücksichtigung zeitlicher Bedingungen einplanbar sind? Impliziert die Möglichkeit, daß ein Scheduler einen gültigen Plan in gewissen Situationen nicht finden kann, daß alle "harten" Realzeitapplikationen nicht dynamisch geplant werden können?

- Planungsaufwand: Planungsverfahren sind i.A. sehr rechenintensiv. Das bedeutet, daß ein nicht unbedeutender Anteil von Rechenzeit der Applikation nicht mehr zur Verfügung steht. Es stellt sich die Frage, ob Verfahren gefunden werden können, die zu vernünftigen Kosten die geforderte Leistung erbringen.

Im Rahmen des GMD-Projektes DIRECT wurde ein dynamischer Scheduler entwickelt, der zur Steuerung eines vielelementigen Roboterarmes verwendet wurde. An diesem Beispiel wird im folgenden gezeigt welche "harten" Echtzeitbedingungen hierbei existierten und wie die dynamische Steuerung hiermit umgeht.

In den folgenden beiden Kapiteln werden das TaskPair-Scheduling (TPS) und das Implementierungsbeispiel vorgestellt, Kapitel 4 enthält die hieraus resultierenden Ergebnisse. In Kapitel 5 wird die Anwendbarkeit dynamischer Planungsverfahren an diesem Beispiel diskutiert. Kapitel 6 enthält eine kurze Zusammenfassung der Ergebnisse und einen Ausblick auf weitere Arbeiten.

2 TaskPair-Scheduling

TaskPair-Scheduling (kurz TPS) ist eine Kombination aus dem on-line-Garantie-Konzept, welches zuerst im Spring-Kernel eingesetzt wurde [Stan89] und dem "Exception Handling"-Konzept, wie es aus Realzeitprogrammiersprachen RTC [Geh91, Wol91], RTC++ [Ish90], Flex [Ken91], RT-Euclid [Kli86] bekannt ist. TPS reserviert Resourcen zur Laufzeit anhand einer zeitlichen Spezifikation.

Begriffe

Ein *Thread* ist eine aktive Einheit, die sequentiell Code ausführt. Eine *Task* ist ein Stück Programmcode, das von einem Thread ausgeführt wird. Für jede Task existiert ein *Taskdeskriptor*, der Informationen zum Einplanen dieser Task enthält (siehe Abb. 1).
Ein *TaskPair* besteht aus einem zusammengehörigen Paar von Tasks - der *MainTask* (MT) und der *ExceptionTask* (ET), die über ein TRY-EXCEPT-Konstrukt verbunden sind. Die ET nimmt dabei die Rolle des Ausnahmebehandlers ein, der allerdings *ausschließlich* durch den

```
Taskdeskriptor:
        int             Importance;
        /* time specifications */
        int             DL;             /* deadline */
        int             WCET;           /* worst case execution time */
        int             EST;            /* earliest start time */
        int             OCET;           /* optimistic case execution time */
        int             ResVec;         /* resource vector */
        /* computed by scheduler */
        int             ST;             /* start time */
        int             WCTT;           /* worst case termination time */
        ....
```

Abb. 1 Taskdeskriptor

Scheduler aktiviert wird. Durch Aufruf der Prozedur *guarantee* (siehe Abb. 2) wird der Scheduler aktiv und versucht das TaskPair so einzuplanen, daß es auf jeden Fall vor der gegebenen Deadline terminiert. Ist dies nicht möglich, so wird die Garantie nicht gegeben.

```
TaskPair:
        Thread          ThreadId;       /* executing tread */
        int             DL;             /* deadline */
        Taskdescriptor  MT;
        Taskdescriptor  ET;
        ...

TaskPair TP;
if( guarantee (TP,deadline)){
        TRY
                <code for MainTask>
        EXCEPT
                <code for ExceptionTask>
        END
}
else /* no guarantee */
```

Abb. 2: Dynamisches Einplanen eines TaskPairs

Um dieser Forderung zu genügen reicht es aus lediglich Resourcen für die ET zu reservieren, sodaß diese das TaskPair ohne Überschreitung der vorgegebenen Deadline beenden kann.
Der einfachste Schedulingalgorithmus berechnet die Startzeit (ST) und den spätest möglichen Terminierungszeitpunkt (WCTT) für die ET möglichst nah an der Deadline und *reserviert* die erforderlichen Resourcen für diesen Zeitraum. Die MT wird überhaupt nicht betrachtet. Die WCET der ET ist damit unbedingt erforderlich, nicht aber die der MT.
Drei Fälle können nun auftreten:

- TP wird garantiert und die MT ausgeführt und terminiert fehlerfrei, was dazu führt, daß die ET nicht ausgeführt wird. In diesem Falle werden die für die ET reservierten Resourcen freigegeben.

- TP wird garantiert, die MT ausgeführt, terminiert aber nicht bis zur Startzeit der ET. Die MT wird abgebrochen, die ET ausgeführt.
- TP wird nicht garantiert und damit werden weder MT noch ET ausgeführt.

Dies ist das generelle Schema; Spezialfälle sind z.B. daß eine ExceptionTask leer ist oder daß die MainTask nichts tut, außer den Thread (d.h. sich selbst) zu suspendieren, so daß die eigentliche Funktionalität in der ExceptionTask enthalten ist. Weitere Überlegungen zu unterschiedlichen Schedulingkriterien finden sich in [Str95] und sollen nicht an dieser Stelle diskutiert werden. Wesentlich für diesen Aufsatz ist, daß die ExceptionTask als "hard-real-time Task" eingeplant wird, während die MainTask eher als "soft-real-time Task" anzusehen ist.

Einplanung der Resourcen

Der Auswahl der Kriterien für die Einplanung von Realzeitaktivitäten sind bei on-line Schedulern kaum Grenzen gesetzt. Die Frage ist, welche Kriterien sind sinnvoll und mit vertretbarem Aufwand bewertbar. Hierzu zählen z.B. die relative Wichtigkeit von Aktivitäten, Dringlichkeit (laxity). Sollen mehrere Aktivitäten eingeplant werden, so kann über diese Kriterien eine Rangliste erstellt werden.
Für das TaskPair-Scheduling wurde ein möglichst einfacher und effizienter Algorithmus implementiert, der zum Ziel hat, ETs möglichst spät einzuplanen, um der MT möglichst viel Zeit zur Verfügung zu stellen. Die Planung geht folgendermaßen vor sich:

- Der Scheduler führt eine Zeitachse, auf der Zeit-Slots für garantierte Tasks (ETs) reserviert werden. Die ETs werden unverdrängbar eingeplant, d.h. sie können nicht durch andere Threads unterbrochen werden, wohl aber kann sie selbst freiwillig ihre Ausführung unterbrechen. Diese Zeit kann allerdings nicht für andere Tasks reserviert werden.
- Anhand der Deadline und der WCET einer einzuplanenden ET und der aktuellen Resourcenbelegung berechnet der Scheduler ob die ET garantiert werden kann. Ist dies der Fall, wird die Startzeit für die ET berechnet und die entsprechenden Zeit-Slots werden reserviert.
- Ein Timer wird auf die Startzeit der ET gesetzt.
- Terminiert die MT rechtzeitig (d.h. vor dem Start der ET), so wird die entsprechende Reservierung für die ET entfernt.
- Terminiert die MT nicht rechtzeitig, so läuft der Timer für die ET ab, d.h. der Scheduler wird über diese Situation informiert, der dann den zur ET zugehörigen Thread eine *Exception* signalisiert. Der Thread bekommt die maximale Priorität zugeordnet und führt die Ausnahmebehandlung durch, d.h. ET wird ausgeführt.

Abbildung 3 zeigt zwei auf einer Zeitachse eingeplante TaskPairs TPi=(MTi,ETi) i=1,2. ST(ETi) sei die Startzeit von ETi, DL(TPi) die Deadline von TPi. Die Bereiche um ET2 und ET1 sind vom Scheduler reserviert, während die Bereiche um MT1 und MT2 nicht fest verplant worden sind aber den MainTasks zur Verfügung stehen. MT1 und MT2 werden preemptiv nach Prioritäten geschedult.
Der beschriebene Algorithmus ist sehr einfach und daher schnell. Je nachdem welche Informationen mit in die Planung eingehen, wird er beliebig komplex. Z.B. könnte eine Minimalzeitdauer für eine MainTask reserviert werden oder aber die MainTasks in der noch nicht für ETs verplanten Zeit nach Earliest Deadline First geschedult werden.

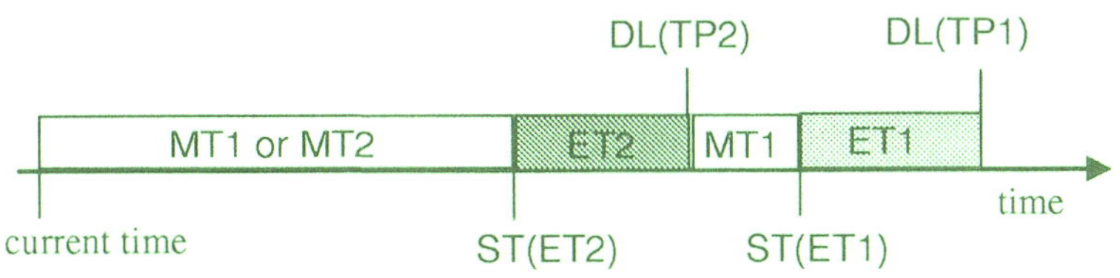

Abb. 3: Reservierung der CPU für ExceptionTasks

3 Anwendungsbeispiel

Als Anwendungsbeispiel ist eine Prozeßsteuerung implementiert worden, die zur Kontrolle eines Roboterarmes eingesetzt wird. Sie wurde auf der Cebit '95 vorgestellt.
Der Roboterarm besteht aus acht aufeinandersteckbaren in einer Achse kippbaren Elementen, die gleichzeitig Knoten eines CAN-Feldbusses sind, so daß eine benötigte Roboterform mechanisch wie logisch einfach durch Aneinanderfügen der benötigten Komponenten realisiert werden kann. Der Roboter kann wahlweise von einer speicherprogrammierbaren Steuerung (SPS) oder einem Prozeßrechner (Motorola 68030) gesteuert werden und fährt immer die von einem Positionsgeber vorgegebenen Stellungen nach. Der Positionsgeber ist ein miniaturisiertes Abbild des Roboters und enthält Sensoren, die die aktuelle Winkelposition eines Elementes vorgeben. Über den CAN-Bus sind die Sensoren von einem Rechner zugreifbar. Jedes Roboterelement besitzt ebenfalls einen Sensor zur Bestimmung der Ist-Position (Winkel) und Gleichstrommotoren um die Bewegung auszuführen (siehe Abb. 4).

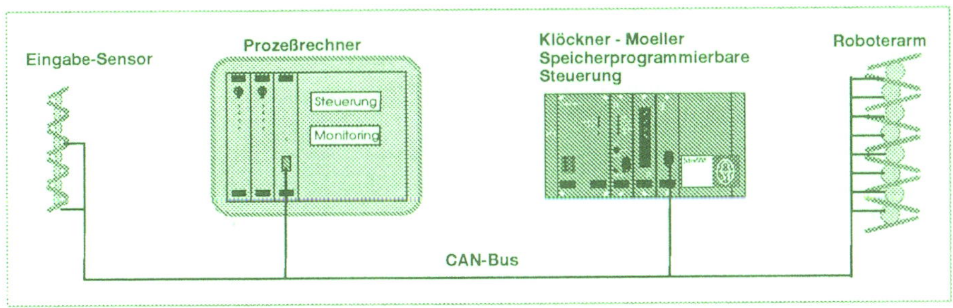

Abb.4 Anwendungsbeispiel: Roboterarm

Während der Implementierung der Steuerung auf der SPS ergab sich, daß der Arm sich angemessen bewegen kann (d.h. er reagiert ausreichend schnell und er läßt sich ausreichend genau positionieren), wenn die Position eines sich bewegenden Elementes alle 200 Millisekunden überprüft und entsprechend gestartet oder angehalten wird. Dies konnte in einem *Single-Loop*, der konventionellen Methode zur SPS-Programmierung, implementiert werden. Hierbei wird sequentiell für alle 8 Elemente die Soll- mit der Ist-Position verglichen und die Motoren entsprechend gesteuert. Es ergab sich als Realzeitanforderung: Die Summe aller Aktivitäten darf nicht länger als 200 Millisekunden dauern.
Es stellte sich hierbei die Frage, inwiefern eine solche Realzeit-Applikation mit dynamischem Scheduling implementierbar ist, wobei es generell möglich sein kann, daß zur Laufzeit keine ausreichenden Resourcen zur Verfügung stehen, d.h. zur Laufzeit eine Garantie verweigert wird. Wird z.B. ein Motor nicht rechtzeitig angehalten, so wird die Sollposition überschritten, was zur erheblichem Schaden führen kann. Dies ist die harte Realzeitanforderung. Ein

Element *muß* unter allen Umständen innerhalb von 200 Millisekunden anhaltbar sein. Die Voraussetzung ist aber, daß sich das Element bereits in der Bewegung befindet. So ergibt sich genauer als Anforderung für das Realzeitsystem: Für ein sich bewegendes Element muß garantiert sein, daß es spätestens in 200 Millisekunden angehalten werden kann.
Die dynamische Steuerung arbeitet wie folgt: Jedes Roboterelement ist als ein eigenes Objekt implementiert, das intern über zwei Threads verfügt (siehe Abb. 5) und ein TaskPair TP, was Zeitspezifikationen enthält. Ein Thread (InputSensor) liest periodisch den Sensor des assoziierten Positionsgeberelementes aus und teilt dem zweiten Thread (RobControl) im Falle einer Änderung die Sollposition mit. RobControl berechnet nun wie *lange* der Motor zum Erreichen der Sollposition benötigt, spezifiziert die deadline von TP und aktiviert den Scheduler, damit dieser ihm garantiert *vor* dem Erreichen der Sollposition die Möglichkeit zu bekommen, den Motor anzuhalten (d.h. ET auszuführen). RobControl benötigt im TaskPair TP die CPU und Zugriff auf den CAN-Bus. Der Scheduler berechnet Startzeit und Terminierungszeit (WCTT) und reserviert für diesen Zeitraum die CPU (der CAN-Bus wird z.Zt. noch nicht explizit mitgeplant). RobControl startet den Motor.

```
class RobEl {
        int IstPos, SollPos
        Thread InputSensor
        Thread RobControl
        TaskPair TP;
}


InputSensor:
    int NewSollPos
    LOOP {
        NewSollPos = Read ( MyInputSensor)
            SollPos = NewSollPos
            resume RobControl
        }
        delay ( 200 )
}
```

```
RobControl:
    TP = new ( TaskPair, 16 ms WCET, ...)
    LOOP {
        ComputeMoveDurationAndDirection()
          TP.DL = NOW + MoveDuration
          if ( guarantee ( TP ) {
            TRY
                StartMove()
                suspend()
                StopMove()
            EXCEPT
                StopMove()
            END
          }
          if ( SollPos == IstPos ) suspend()
    }
```

Abb. 5: Steuerung mit TPS

Die MainTask blockier sich durch *suspend* selbst, d.h. sie terminiert *nicht*. Daher wird zur berechneten Zeit ST die ExceptionTask gestartet, wodurch der Motors gestoppt wird. Dadurch wird es unmöglich, daß ein Motor zu spät angehalten wird.

4 Ergebnisse

Mit beiden Implementierungen ist der Roboterarm wie gewünscht steuerbar und unterschiedliches Verhalten des Armes ist von außen nur schwer erkennbar. Dennoch lassen sich signifikante Unterschiede feststellen, die auf die Art der Implementierung zurückzuführen sind:

1. Bei annähernd gleicher Reaktionsgeschwindigkeit des Roboters lag die auf dem CAN-Bus erzeugte Last bei 18% (TPS) bzw. 44% (Single-Loop).

2. Die Genauigkeit der Positionierung wurde durch die dynamischen Steuerung um den Faktor 10 verbessert.

Die Reaktionsgeschwindigkeit ist in der Single-Loop-Implementierung im schlechtesten Falle ca. 200 ms, da ein Durchlauf maximal 200 ms dauert und unmittelbar nach Erkennen einer Abweichung von der Sollposition der entsprechende Motor gestartet wird. Etwa dieselbe Reaktionsgeschwindigkeit ist bei der TPS-Implementierung zu erreichen, wenn die InputSensor-Threads nach jeder Abfrage der Sollposition ca. 200 ms warten. Der Unterschied in der Buslast ist dadurch erklärt, daß im Single-Loop die Sensoren der sich bewegenden Roboterelemente ständig abgefragt werden müssen, während in der TPS-Implementierung die ControlRob-Threads auf ihre Aktivierung passiv warten und somit den Bus nicht belasten.
Die Genauigkeit der Positionierung eines Elementes ist abhängig vom zeitlichen Abstand der *StartMove()* und *StopMove()* Befehle. Dieser Abstand ist im Single-Loop ca. 200 ms, in der TPS-Implementierung ca. 20 ms (bedingt durch die WCET der ExceptionTask von ca. 16 ms).
Im Vergleich zu diesen Zeiten fiel die vom Scheduler benötigte Zeit zur Einplanung und Aktivierung der ExceptionTasks recht gering aus (< 1 ms), was natürlich auf die geringe Anzahl einzuplanender Aktivitäten zurückzuführen ist.

5 Diskussion

Unsere Studie hat gezeigt, daß mit TPS eine leistungsfähige Steuerung für unseren Roboterarm implementierbar ist. Darüberhinaus war die Buslast sogar geringer und die Positionierbarkeit des Roboterarmes besser als bei der Single-Loop-Implementierung. Dies hat folgende Ursache: Durch die dynamische Schedulingmethode war eine weitgehende Entkopplung von zeitkritischen und zeitunkritischen Aktivitäten möglich. Dies führte zu einer erheblichen Reduktion der zu garantierende Resourcen, denn nur die zeitkritischen Aktivitäten verlangen eine Garantie, während im Single-Loop alle Aktivitäten "hart" geplant werden mußten. So erreichten wir ein sehr kurzes Steuerungsintervall, wodurch die Roboterelemente wesentlich genauer positioniert werden konnten. Im Gegensatz hierzu führt die Sequentialität der Single-Loop-Implementierung dazu, daß alle Aktivitäten zeitkritisch werden, sobald *eine* Aktivität zeitkritisch ist. Dies führt zu zeitlichen Abhängigkeiten von kausal unabhängigen Dingen (das Anhalten des Motors des Elementes 5 wird abhängig vom Auslesen des Positionsgebersensors von Element 2).
Der Preis für die Vorteile der dynamischen Methode liegt in einer eingeschränkten Vorhersagbarkeit. Unsere Methode garantiert *nicht*, daß spätestens alle 200 ms eine Bewegungsänderung eines jeden Positionsgeberelementes erkannt und das entsprechende Roboterelement bewegt wird. Es wird nur garantiert, daß sich kein Element zu weit bewegt. Für unser Beispiel war das nicht kritisch, vor allem da der Arm *besser* gesteuert werden konnte; eine Reaktionsgeschwindigkeit von 200 ms wird i.A. wesentlich unterschritten, aber sie ist nicht garantiert. In unserer speziellen Applikation war es möglich kritische Realzeitaktivitäten zeitlich zu verschieben. Eine Aktivität mußte nicht zu einem absoluten Zeitpunkt gestartet werden, sondern relativ zu einer anderen Aktivität (dem Start der MainTask). Die Art der Gesamtapplikation führt dazu, daß mit fortschreitender Zeit immer mehr Resourcen (CPU-Zeit) verfügbar werden, d.h. wird die Garantie für ein TaskPair einmal abgelehnt, so ist es sinnvoll, es kurze Zeit später nochmals zu versuchen. Damit verschiebt sich die Deadline in nicht reservierte Zeitbereiche und es wird wahrscheinlich, daß die geforderte Bewegung durchführbar wird.
Die verringerte Buslast und die bessere Positionierbarkeit soll hier nicht überbewertet werden. Zum einen ist es durchaus möglich die SPS-Implementierung zu optimieren oder aber durch

eine Implementierung mit periodischen Threads, die z.B. nach dem Rate Monotonic Scheduling-Verfahren [Liu73] statisch eingeplant werde, zu ersetzen. So könnte man in periodischen Prozessen ebenfalls die Bewegungsdauer berechnen und bis zum Erreichen des berechneten Stop-Zeitpunktes auf das Abfragen der Sensoren verzichten, womit die Buslast verringert würde. Eine Verbesserung der Positionierbarkeit könnte so allerdings nicht erreicht werden, da diese durch die Periode implizit begrenzt wird. Die Periode kann nicht beliebig klein gewählt werden, da die WCETs aller periodischen Threads in Betracht gezogen werden müssen.

Den eigentlichen, wenn auch schwer meßbaren Vorteil, den eine dynamische Planung bietet, ist die enorme Flexibilität. Der Roboterarm ist z. B. so konstruiert, daß er für verschiedene Einsatzbereiche unterschiedlich konfiguriert werden kann. Die einfachste Änderung ist hierbei das Hinzufügen eines weiteren Elementes. Für die dynamische Steuerung ist dies völlig problemlos. Es wird ein zusätzliches Objekt erzeugt. Alles andere leistet das Objekt (bzw. dessen Threads) in Verbindung mit dem Scheduler. Eine Simulation des Roboterarmes, hat gezeigt, daß ein wesentlich größerer Arm ohne jegliche Änderung der Steuerung mit der jetzigen dynamischen Implementierung steuerbar ist, d.h. der Roboterarm bewegt sich angemessen unter Beibehaltung der geforderten Garantien. Bei einer statisch geplanten Steuerung ist eine neue zeitliche Analyse unbedingt erforderlich. Darüberhinaus wird sie schnell an ihre Grenzen stoßen, was ein (teures) Redesign der Implementierung erforderlich macht.

6 Zusammenfassung und Ausblick

In diesem Aufsatz wurde exemplarisch gezeigt, wie durch eine geeignetes Design in Verbindung mit dynamischem Scheduling harte Realzeitbedingungen in hohem Maße entschärft werden konnten, wodurch die verbliebenen einen nur sehr kleinen Anteil der Resourcen des Systems benötigen. Daraus resultiert eine hohe Wahrscheinlichkeit für eine erfolgreiche Einplanung dieser Aktivitäten. Dies reicht für hard-real-time Aktivitäten aber noch nicht aus. Der wesentliche Punkt, der zur notwendigen Vorhersagbarkeit führt ist, daß harte Aktivitäten in diesem Beispiel auch zeitlich verschoben werden können, d.h. wenn es nicht möglich ist ein Garantie für eine Aktivität zu geben, dann reicht es in unserem Falle aus, wenn die Garantie später gegeben werden kann. Da dies durch unsere Applikation implizit gegeben ist, ist dynamisches Scheduling für unsere harten Echtzeit-Komponenten geeignet.

Es stellt sich die Frage, in welchem Maße dieses Ergebnis auf andere Anwendungsgebiete übertragbar ist. Die Methode Realzeitapplikationen dynamisch einzuplanen wird extrem selten angewandt und Diskussionen mit vielen Kollegen ergaben, daß solche Lösungen von vornherein oft als indiskutabel abgelehnt werden. Mit diesem Aufsatz soll aufgezeigt werden, daß der Ansatz für gewiß viele - auch harte - Echtzeitprobleme eine geeignete Basis bildet, die bei ausreichender Vorhersagbarkeit eine Vielzahl von Verbesserungen enthält, die für zukünftige verteilte komplexe Realzeitsysteme unbedingt erforderlich werden.

Die vorgestellte Art der dynamischen Resourcenplanung wird zur Zeit in mehrfacher Hinsicht erweitert. Zum einen um periodische TasksPairs einzuplanen. Die verbleibende Zeit kann für das Planen von sporadischen TaskPairs wie beschrieben verwendet werden. Das Einplanen der periodischen Tasks wird on-line durchgeführt. Ist eine periodische Task einmal eingeplant, bleibt sie es bis sie explizit entfernt wird. Zum zweiten können MainTasks garantierte Ausführungszeiten bekommen. Desweiteren wird innerhalb des Projektes DIRECT daran gearbeitet kooperierende Prozesse gemeinsam einzuplanen. Diese Prozesse können sich auf unterschiedlichen Rechnern befinden. Ein globaler Scheduler korrespondiert mit lokalen Schedulern, die entsprechend Garantien durchsetzen. Zu diesem Zwecke ist ein Uhrensynchronisationprotokoll [Ger94/2] entwickelt worden, daß unter Ausnutzung des

CAN-Busses eine globale Zeitbasis mit einer maximalen Abweichung von weniger als 50 Mikrosekunden durchsetzt.
Der entwickelte Roboterarm ist lediglich als Studienobjekt hergestellt worden. Mittlerweile wurde mit der Entwicklung einer prinzipiell ähnlichen aber wesentlich kleineren "Schlange" begonnen. Sie wird ebenso modular aufgebaut sein und soll im Endeffekt in der Lage sein, sich halbautonom (über Kabel für Stromversorgung und Steuerung) fortzubewegen. Die typischen Bewegungsmuster einer biologischen Schlange sollen übernommen werden. Diese Bewegungen sind sehr komplexer Natur und erfordern kooperatives Arbeiten von unterschiedlichen Komponenten unter Echtzeitbedingungen. An diesem Beispiel sollen verteilte Schedulingalgorithmen eingesetzt werden, wobei wie bei der beschriebenen Steuerung Planung mit dynamisch vergebenen Garantien verwendet werden sollen.

7 Literaturverzeichnis

Geh91, N. Gehani, K. Ramamritham, "Real-Time Concurrent C: A Language for Programming Dynamic Real-Time Systems", July 1991

Ger94/1, M. Gergeleit, J. Kaiser, H. Streich, "Towards a Distributed Object-Oriented Real-Time Control System", Workshop on Concurrent Object-based Systems, in conjunction with the IEEE Symp. on Parallel and Distr. Processing, Dallas, TX, October 1994

Ger94/2, M. Gergeleit, H. Streich, "Implementing a Distributed High-Resolution Real-Time Clock using the CAN-Bus, 1st international CAN-Conference 94, Mainz, 13.-14. 09, Can in Automation e.V., Erlangen, 1994

Ish90, Y. Ishikawa, H. Tokuda, C.W. Mercer, "Object-Oriented Real-Time Language Design: Constructs for Timing Constraints", ECOOP/OOPSLA '90 Proceedings, October 1990

Ken91, K.B. Kenny, K.-J. Lin, "Buiding Flexible Real-Time Systems Using the Flex Language", IEEE Computer 5/1991

Kli86, E. Klingerman, A. Stoyenko, "Real-time Euclid: A language for reliable real-time systems", IEEE Transactions on Software Engineering, Vol SE-12, September 1986

Liu73, C.L.Liu,MIT, J.W.Layland,Calif.Inst. of Technology, "Scheduling Algorithms for Multiprogramming in a Hard-Real-Time Environment", Journal of the ACM, Vol. 20, Jan 1973, No. 1, pp 46-61

Sta89, J.A. Stankovic, K. Ramamritham, "The Spring Kernel: A New Paradigm for Real-Time Operating Systems", ACM Operating Systems Review, Vol. 23 No.3, July 1989

Str95, H. Streich, "TaskPair-Scheduling: An Approach for Dynamic Real-Time Systems", International Journal of Mini & Microcomputers, Vol. 17, Number 2, 1995, Calgary, Canada

Wol91, V. Wolfe, S. Davidson, I.Lee, "RTC: Language Support For Real-Time Concurrency", IEEE Computer 7/1991

Die Windows DDE Schnittstelle in der Prozeßsteuerung

R. Baran

Fachbereich Elektrotechnik und Informatik

Fachhochschule Hamburg

Berliner Tor 3

20099 Hamburg

1 Einleitung

Windows- Programme sind mittlerweile sehr zahlreich verfügbar. Es gibt sie für die verschiedensten Anwendungsgebiete mit durchgängiger, benutzerfreundlicher Bedienoberfläche und gutem Preis/Leistungsverhältnis. Viele Windows- Programme unterstützen den Kommunikationsmechanismus DDE (Dynamic Data Exchange), mit dem sie Daten untereinander austauschen können. Dadurch wird ihre Offenheit und Vielseitigkeit deutlich erhöht. DDE- fähige Windows- Standardprogramme gibt es für ein breites Anwendungsspektrum im Bereich der Büro EDV.

Bei industriellen Prozeßleitsystem wird immer mehr die Forderung nach Integration von Bürosoftware gestellt. Im folgenden soll diskutiert werden welche Möglichkeiten und Grenzen hier die DDE Schnittstelle bietet.

2 Architektur von Prozeßleitsystemen

2.1 Prozeßnahe Komponenten

In modernen rechnerintegrierten Produktionsprozessen kommen in der operativen Ebene hauptsächlich drei in ihren Eigenschaften und Anwendungsgebieten grundsätzlich verschiedene Automatisierungssysteme zum Einsatz:

- Speicherprogrammierbare Steuerungen (SPS)
- Rechner auf Basis von Industriebussystemen (VME, ECB, o.ä.)
- „embedded Systems“

1.) Das Einsatzgebiet der Speicherprogrammierbaren Steuerungen beschränkt sich auf die Lösung von nicht rechenintensiven Standardaufgaben im operativen Bereich : (Achssteuerungen, Positioniersysteme, digitale und analoge Ein/Ausgaben) ohne graphische Benutzerschnittstelle. Diese auf SPS basierenden Systeme haben ihre Grenzen wenn eine rechenintensive Verknüpfung von mehreren Prozeßgrößen erforderlich ist . Vorteil sehr gut definiertes Realzeitverhalten. Nachteil: Programmierung in Sprachen, die nicht nach neuesten Erkenntnissen des Software- Entwicklung entwickelt wurden.

2.) Bei rechenintensiven Aufgaben werden häufig Rechner auf Basis von Industriebussystemen eingesetzt. Sie haben ihre Grenzen, wenn Anforderungen an graphische Ausgaben (Prozeßvisualisierung im operativen Bereich, GUI), sowie wenn sich die Lösung des Automatisierungssystems in einem engen Kostenrahmen bewegen muß. Darüber hinaus ist es oft umständlich, wenn nicht unmöglich solche Systeme an gängige Prozeßvisualisierungssysteme (die hauptsächlich für SPS ausgelegt sind) anzuschließen. Programmierung in PEARL etc.

3.) Für gerätespezifische Aufgaben kommen häufig „embedded Systems“ (im Gerät integrierte Computersteuerungen) zum Einsatz, die ein sehr gutes Preis/Leistungs- Verhältnis haben, wenn die Geräte in hohen Stückzahlen produziert werden. Beim Einsatz moderner Microcontroller können auch rechenintensive Verknüpfungen der Prozeßgrößen vorgenommen werden, die in dem jeweiligen Gerät lokalisiert sind. Ihre Grenzen haben die „embedded Systems“ wie die Rechner auf Basis von Industriebussystemen im graphischen Bereich sowie bei der Kommunikation mit gängigen Prozeßvisualisierungssystemen. Programmierung in Assembler

2.2 Integration von Standart Softwarepaketen in Prozeßleitsysteme

Prozeßleitsysteme beschränken sich heutzutage nicht mehr auf Erfassen und Anzeigen von Meßdaten und Prozeßzuständen sowie Stellen und Regeln dieser Größen. Archivieren, Präsentieren und statistische Analyse der gewonnen Daten sind inzwischen genauso selbstverständlicher Bestandteil von Prozeßleitsystemen wie komfortable Bedienoberflächen. Kein Hersteller von Prozeßleitsystemen kann es sich aber mehr leisten, Programme für all diese Funktionalitäten zu entwickeln und pflegen. Daher bietet es sich an, ein schnelles und effizientes Programm für die Kommunikation mit prozeßnahen Komponenten zu entwickeln und über standardisierte Schnittstellen gängige Softwarepakete aus folgenden Bereichen zu versorgen:

- Tabellenkalkulation ,
- Datenbanken,
- Programme zur Meßwert- Erfassung,
- Statistikprogramme
- Entwicklungstools
- Präsentations- Software.
- Expertensysteme
- Bedienoberflächen

Kommunikation in verteilten Prozeßleitsystemen

Die Kommunikation in verteilten Prozeßleitsystemen zwischen prozeßnahen Komponenten und Leitständen, sowie zwischen prozeßnahen Komponenten untereinander erfolgt fast ausnahmslos über standardisierte oder herstellerspezifische Feldbusse. Um Daten zwischen prozeßnahen Komponenten und Standard Software Paketen auszutauschen müssen „lediglich“ Treiber für die Feldbusse geschrieben werden, die Schnittstelle zu den übergeordneten Programmen versorgt.

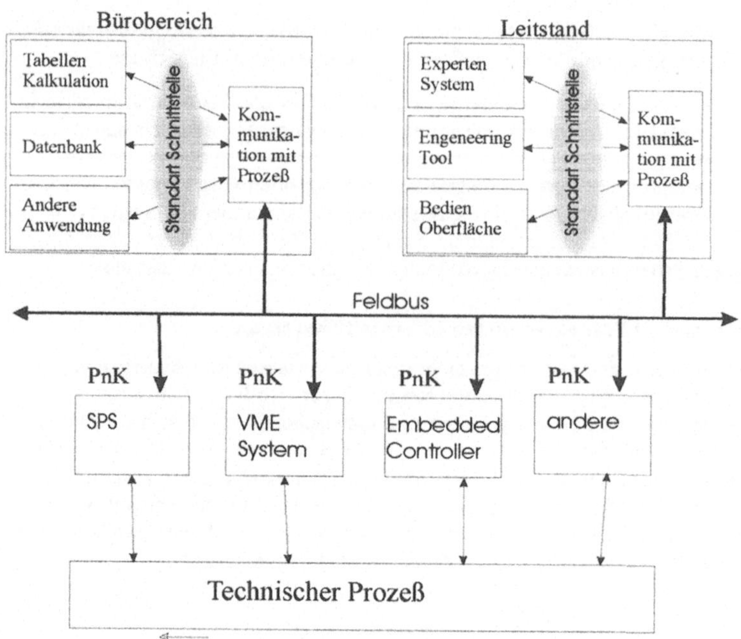

Abb. 1: Kommunikation von Standard Programmen mit prozeßnahen Komponenten (PnK)

3 Wirkungsweise der DDE Schnittstelle

Eine solche Schnittstelle ist der dynamische Datenaustausch (DDE) unter Windows 3.1. Vor der Diskussion seiner Eigenschaften bezüglich Realzeitanwendungen sei kurz die Wirkungsweise von DDE erklärt:

3.1 Client / Server

Eine DDE Konversation findet immer zwischen einer Client- und einer Server- Anwendung statt. Der Client leitet den Austausch ein, indem er eine Konversation mit dem Server eröffnet., damit er Transaktionen an den Server senden kann. Eine Transaktion ist die Anforderung von Daten oder Diensten. Der Server antwortet auf diese Transaktionen, indem er dem Client Daten oder Dienste bereitstellt. Ein Server kann mehrere Clients zur selben Zeit bedienen und ein Client kann von mehreren Server- Anwendungen Daten oder Dienste anfordern. Eine Anwendung kann sowohl Server als auch Client sein.

3.2 Service - Thema - Element

Ein DDE- Server verwendet eine dreistufige Hierarchie - Servicename, Themenname und Elementname -, um Daten eindeutig zu bezeichnen, die der Server während Konversation austauschen kann. Bei diesen Namen handelt es sich um Strings.

Im allgemeinen ist der Servername einer Anwendung zugeordnet (z.B. „EXCEL" für die Tabellenkalkulation von Microsoft, siehe Abb. 2). Bei Anwendungen, die prozeßnahe Komponenten bedienen bezeichnet der Themenname meist die Datenbank, in der die Harwareadressen der Ein/Ausgabegeräte am Feldbus symbolischen Namen zugeordnet sind.

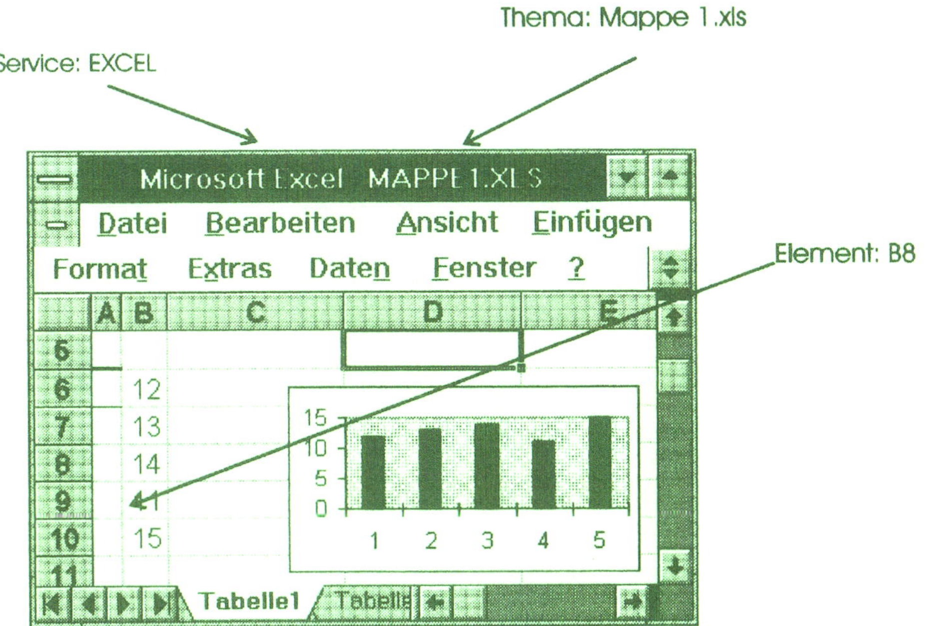

Abb. 2: Konfiguration einer Tabellenkalkulation als DDE Server

Durch Service und Themennamen ist eine Konversation eindeutig festgelegt.

Ein Elementname ist ein String, der eine Dateneinheit bezeichnet, die ein Server während einer Transaktion an einen Client übergeben kann. Bei Anwendungen, die prozeßnahe Komponenten bedienen bezeichnen die Elementnamen meist die symbolischen Namen die in der obengenannten Datenbank den Harwareadressen zugeordnet sind.

3.3 Hot - Cold - Warm Link

Man unterscheidet vier Arten von Transaktionen in bestehenden DDE Konversationen:

1. **Request:** Hier fordert in ein Client den aktuellen Wert eines Elementes vom Server
2. **Advise:** Hier fordert der Client den Server auf den Wert eines Elementes jedesmal zu übermitteln, wenn er sich ändert. Man unterscheidet hier zwischen *„Warm link"* und *„Hot link"* Beim Warm Link wird dem Client der Name des Elementes angegeben, das sich geändert hat, beim Hot Link wird der neue Wert übertragen. (siehe Abb. 3)
3. **Poke:** Das ist eine Möglichkeit für dem Client, Daten des Servers zu ändern.
4. **Execute:** Mit dieser Transaktion kann ein Client einen Server veranlassen einen oder mehrere Befehle auszuführen.

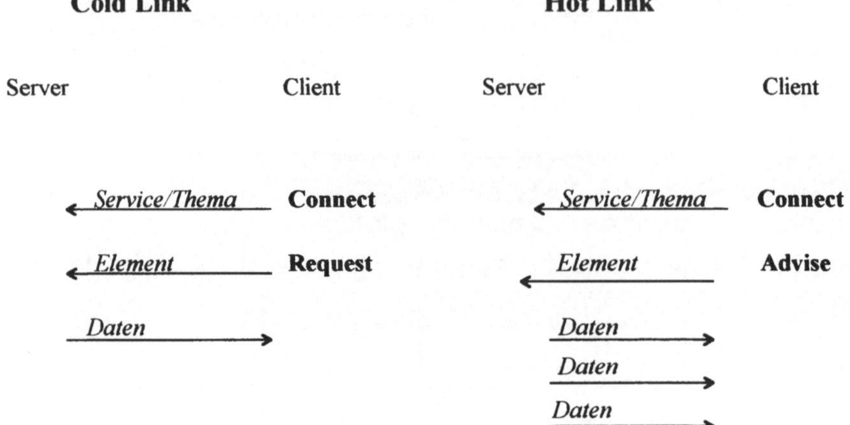

Abb. 3: Wirkungsweise der Verbindungsarten in der DDE Schnittstelle

4 Ein einfaches Beispiel

Ein sehr einfaches Beispiel für die Verbindung von Realzeitsystemen mit Bürosoftware ist die Verbindung einer SPS, die den Druck eines Kessels überwacht und über einen Feldbus mit einem PC kommuniziert. Auf diesem PC werden zwei Anwendungen ausgeführt:

1. Das SPS-DDE Konversionsprogramm DDESVR
2. Die Tabellenkalkulation MS EXCEL

Diese beiden Programme kommunizieren über die DDE Schnittstelle, wobei EXCEL der Client ist und DDESVR der Server. Dazu muß das Programm DDESVR erst entsprechend konfiguriert werden. Fast alle Hersteller von Speicherprogrammierbaren Steuerungen liefern SPS-DDE Konversionsprogramme. In ihnen wird in einer Datenbank die Zuordnung von Hardwareadressen zu symbolischen Namen hergestellt (in unserem Beispiel ist die Druckmessung an eine SPS angeschlossen die über einen fiktiven Bus die Meßwerte zyklisch an den PC liefert).

Der DDE Treiber gibt DDE- Clients diese Meßwerte weiter, wenn sie sie anfordern („*Cold Link*") , oder wenn sie sich ändern („*Cold Link*"). In dem Beispiel mit MS EXCEL muß in eine Zelle, in der der Wert angezeigt werden soll, der Name des Servers (DDESVR), der Themas (DB_KESSEL, das ist hier der Name der Datenbank, in der die Zuordnung gemacht wurde) und der Name des Elementes (hier DRUCK) eingetragen werden. Entsprechend den Eintragungen in den Optionen für die Verknüpfungen fordert dann MS EXCEL einen Cold oder einen Hot Link an. (Siehe Abb. 4)

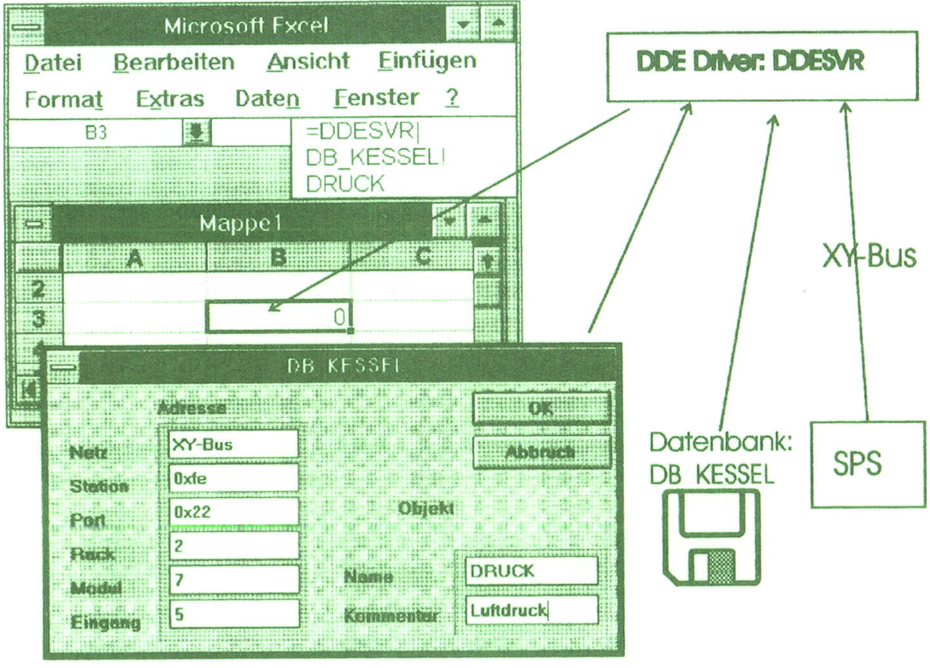

Abb. 4: Verbindung eines Prozesses mit Bürosoftware über die DDE Schnittstelle

5 Möglichkeiten und Grenzen

5.1 Geschwindigkeit

Die Geschwindigkeit der Übertragung ist abhängig von vielen Parametern und kann deshalb nicht unabhängig von der Systemkonfiguration betrachtet werden. Als Richtwert kann eine Maximalrate von 50 Elementen pro Sekunde genommen werden, was für stabile Anwendungen bedeutet, daß man nicht mehr als fünf DDE Transaktionen pro Sekunde durchführen sollte. Der dynamische Datenaustausch unter Windows findet also in der CIM Hierarchie eher in der Bürogegend als in dem operativen Bereich seine Anwendung.

5.2 Kompatibilität

Da der dynamische Datenaustausch ausschließlich für Windows 3.1 definiert worden ist beschränkt sich seine Anwendbarkeit auch auf diese Plattform. Laut Aussage von Microsoft soll dieser Mechanismus auch als 16 Bit Anwendung unter Windows 95 funktionieren, für 32 Bit Anwendungen aber nicht mehr unterstützt werden.

6 Anwendung am Beispiel der Dickenregelung von Plastikfolie

Ein europäischer Ausrüster von Plastikfolienfabriken automatisiert seine Produktionslinien mit PCs, unter Windows for Workgroups, speicherprogrammierbaren Steuerungen für alle Wickler, Heizungen und ähnliche Komponenten. Das Prozeßleitsoftware ist ein Standartprogramm, das neben vielen Treibern für SPS auch die DDE Schnittstelle sowohl als Client als auch als Server unterstützt.

Für die Überwachung der Qualität der Produktion kommt eine Röntgenmeßanlage zum Einsatz, bei der die Röntgenquelle und der Meßkopf sich transversal zur Produktionsrichtung bewegen und die Dicke des Plastiks erfassen. Diese Dickenmeßanlage wird von einem Microcontroller gesteuert, der diese Informationen in Echtzeit über eine RS 422 Schnittstelle an eine intelligente Schnittstellenkarte in einem PC weiterleitet. In diesem PC werden die Meßwerte analysiert und mit sehr aufwendigen Algorithmen weiterverarbeitet, so daß die Regelung der Geschwindigkeiten und Heizungen in der Produktionslinie möglich wird.

Die Vorgaben für die Prozeßgrößen werden alle über die Windows DDE Schnittstelle an das Prozeßleitsystem weitergegeben, so daß ein sehr kurzes und überschaubares, aber vom Algorithmus sehr anspruchsvolles Programm problemlos in komplexes Prozeßleitsystem mit durchgängiger Bedienoberfläche integriert werden konnte.

Dadurch daß die komplette Bedienoberfäche und Produktdatenverwaltung auf Standartprogramme ausgelagert wurde, konnte die Entwicklungszeit auf ein Viertel dessen reduziert werden was für vergleichbare Systeme üblich ist. Konsequenter Einsatz der DDE Schnittstelle für den gesamten Datenaustausch reduzierte den Harwareaufwand und erhöhte die Zuverlässigkeit erheblich.